Wilhelm zu Dohna

Grenzenlose Liebe

Kann ein Deutscher Schweizer sein?

Wilhelm zu Dohna

Grenzenlose Liebe

Kann ein Deutscher Schweizer sein?

Stämpfli Verlag AG

Impressum

Die bibliografische Information der Deutschen Nationalbibliografie
ist über www.d-nb.de abrufbar.

Verlag · Stämpfli Verlag AG, Bern, www.staempfliverlag.com
Lektorat · Benita Schnidrig, Stämpfli Verlag AG, Bern
Gestaltung · Edith Helfer Kalua, Bern
Umschlag · Nils Hertig, clicdesign, Liebefeld

ISBN 978-3-7272-1344-1

Inhalt

Anstelle eines Vorwortes 7
Doch noch ein Vorwort 9
Es war einmal eine Krankenschwester 11
Film ab 12
Der grosse Irrtum 14
Sauschwaben 16
Tief sitzende Vorurteile 20
Das Schwerste zuerst 22
Schriftdeutsch, Hochdeutsch, Mundart 24
Kein Zwang und keine Anreize 30
Arroganz 35
Kompromisse und Konsenskultur 45
Pünktlichkeit 52
Nur zu wissen, es ist Platin … 56
Understatement und die Kunst des Tiefstapelns 59
Orangefarbene Papiertaschen von Hermès 61
Die hohe Schule 65
Das helvetische Mittelmass 68
Eine unbekannte Art von Grössenwahn 69
Aristokratie 71
Demokratie 74
Nationalsozialismus 78
Duzen und Siezen 84
Verkehrsphänomene 87

Heilige Karossen 94
Schweizer sind Individualisten 97
Disneyland und Marignano 98
Hünen und Filigrantechniker 102
Eine Frage des Teints 105
Streben nach Perfektion 107
Pathos und Pragmatismus 109
Bodyguards und Bundesräte 112
Pendeln 115
Humor 117
Ach, Europa 118
Neidgesellschaft Schweiz? 123
Teutonische Typologie 125
Harte Schale, weicher Kern 129
Tourismus 135
Fazit 140
Dank 141

Anhang 143

Wie eine deutsche Familie im 17. Jahrhundert zum Schweizer Bürgerrecht kam 145
Bibliografie 149

Anstelle eines Vorwortes

Halten Sie sich für einen aufgeklärten und einigermassen differenzierten Zeitgenossen? Und Sie sind kein Freund von Pauschalurteilen. Natürlich nicht. Vorurteile sind Ihnen zuwider. Falls das auf Sie zutreffen sollte, möchte ich Sie nicht ohne eine Warnung in die Lektüre dieses Buches entlassen. Es könnte nämlich für Sie und Ihre seelische Verfassung ganz und gar ungemütlich werden. Vielleicht sollten Sie das Buch auf die Seite legen. Es gibt ja noch andere Bücher.

Das vorliegende Exemplar ist prall gefüllt mit Vorurteilen der schlimmsten Sorte und strotzt vor Gemeinplätzen, Übertreibungen und Pauschalurteilen. Political Correctness? We apologize. Aber es geht leider nicht anders. Eine Annäherung an das komplizierte Thema ist schwierig. In einem pauschalen Buch ist der Einzelfall nicht vorgesehen. Falls Sie sich nicht von der Lektüre abbringen lassen wollen, denken Sie daran: Dieser Grundregel werden Sie auf den folgenden Seiten oft begegnen. Sie haben es ja nicht anders gewollt.

Es dürfte Sie nicht weiter überraschen, dass hier die Rede sein wird von den Schweizern und den Deutschen. Selbstverständlich könnte sich der eine oder die andere von Ihnen in Teilaspekten wiederfinden, das wäre beabsichtigt. Aber eben nur teilweise. Es ist wie mit jeder Statistik, im konkreten Einzelfall stimmt sie nie. Oder, um es mit Winston Churchill zu sagen: «Ich glaube nur an die Statistiken, welche ich selbst gefälscht habe.»

Deutschland und die Schweiz? Wir müssen eine Einschränkung machen. Wenn im Folgenden von der Schweiz die Rede sein wird, dann ist immer die Deutschschweiz gemeint. Wir bleiben für unsere Zwecke auf der deutschsprachigen Seite der deutsch-französischen Sprachgrenze, des sogenannten Röstigrabens.

Der vorliegende Text hat mit der derzeitigen Minivölkerwanderung von Deutschland in die Schweiz nichts zu tun. Ausgerechnet jetzt fallen die Deutschen fast scharenweise in die Schweiz ein und bilden nach den Italienern schon die zweitgrösste Ausländergruppe.

Doch noch ein Vorwort

Dieses Buch habe ich als deutsch-schweizerischer Doppelbürger geschrieben. Es ist aber vor allem aus meiner Schweizer Perspektive entstanden, kein Wunder, lebe ich doch seit 35 Jahren in der Schweiz. Wenn alte Fragen aufgegriffen werden und ich versuche, die tiefer liegenden Befindlichkeiten auszuloten, die an das Selbstverständnis beider Länder rühren, dann beruht das auf meinen persönlichen Beobachtungen.

Der Blick geht dabei in erster Linie von Süden nach Norden. Trotzdem soll nicht nur den Deutschen die Schweiz besser erklärt werden, auch die deutsche Seelenlage wird behandelt.

Dieses Buch ist kein Reiseführer. Sie werden darin keine Hinweise auf landschaftliche Schönheiten finden, keinerlei touristische Angaben, auch nicht, wie Sie in der Schweiz am besten eine Firma gründen können oder in welchem Kanton die Steuersätze am tiefsten liegen.

In Deutschland wie in der Schweiz halten sich hartnäckig weit verbreitete und tief verwurzelte Missverständnisse, die schon beinahe Mythen und Legenden geworden sind. Mythen entziehen sich einer Diskussion. Man hat es schon lange aufgegeben, über diesen lästigen Kleinkram im Alltag noch diskutieren zu wollen, angeblich ist alles klar. In Wirklichkeit ist nichts klar.

Zu diesen Missverständnissen wurde schon viel zu Papier gebracht, auch sehr Geistreiches und Bedenkenswertes. Allerdings immer aus einem Blickwinkel heraus, der sich nur teilweise mit meinen eigenen Beobachtungen deckt. Neuerdings gibt es sogar eine «Deutsche Wochenzeitung Schweiz», die sich laut Selbstdeklaration «mit Themen, welche die Deutschen in der Schweiz bewegen oder bewegen könnten», befasst. Was erhältlich ist, bietet viele Fakten und viel Richtiges zum Thema Schweiz–Deutschland, aber leider ist man sich nicht zu schade, auch noch die abgedroschensten Klischees zu bemühen, zum Beispiel das der angeblich gemeinsamen Kultur. Halbwahrheiten werden nicht besser, wenn sie gedankenlos wiederholt und abgeschrieben werden. Lesenswert ist das Buch von Bruno Ziauddin, «Grüezi Gummihälse», zwar frech und respektlos geschrieben, aber mit vielen guten Beobachtungen aus Schweizer Sicht. Allerdings hat er von Deutschland keine grosse Ahnung, auch wenn das Buch mit einer kleinen Deutschlandreise endet. Die deutsche Optik ist nicht vorgesehen, was er ehrlicherweise auch zugibt.

Provokationen können im vorliegenden Buch nicht ausgeschlossen werden, was eher unschweizerisch ist, aber dazu später. Lassen Sie mich frei nach Heinrich Böll zitieren: «Jede Ähnlichkeit mit lebenden oder verstorbenen Personen ist rein zufällig und nicht beabsichtigt – aber leider unvermeidlich.»

Von Politikern jeglicher Couleur wird das eigenartig komplizierte Verhältnis zwischen den beiden doch so ungleichen Nationen gebetsmühlenartig schöngeredet mit nichts sagenden Worthülsen wie «jahrelange freundschaftliche Beziehungen», «Harmonie», «keine ernsthaften Probleme» usw. Leider ist das alles leeres Gerede und bleibt an der Oberfläche. Ich plädiere an dieser Stelle für weniger Harmonie, dafür aber für mehr Realitätsbewusstsein.

Und noch etwas. Wenn auf den folgenden Seiten von Problemen die Rede sein wird, so jammern wir doch nur auf hohem, wenn nicht sogar auf allerhöchstem Niveau. Es geht um nichts wirklich Weltbewegendes. Viel schlimmer, es geht um Kleinigkeiten.

Es war einmal eine Krankenschwester

Eine meiner Bekannten, eine deutsche Krankenschwester, verliess die Schweiz nach einigen Jahren frustriert und entnervt wieder in Richtung Deutschland. Sie war mit grossen Erwartungen und Hoffnungen gekommen, aber sie habe hier nie richtig Anschluss gefunden, sei kaum zu Schweizern nach Hause eingeladen worden, und überhaupt seien die Schweizer alle spiessig. Dabei habe sie sich so grosse Mühe gegeben. Was war passiert? Zunächst einmal war sie ganz einfach gekränkt von den vielen Zurückweisungen, die sie schon ganz zu Beginn als Deutsche in der Schweiz hatte über sich ergehen lassen müssen, berufliche und private. Für die meisten Deutschen ist es unfassbar, dass sie in der Schweiz nicht willkommen sind und nicht mit offenen Armen empfangen werden. Man respektiert doch das südliche Nachbarland, bestaunt es auch, politisch, ökonomisch und menschlich, und vieles ist doch so ähnlich wie zu Hause. Der Schock, nur noch als Teil eines unerwünschten Kollektivs wahrgenommen zu werden und nicht mehr als Einzelperson, sitzt tief. Die erlittene Kränkung trifft alle Schichten und Berufe, vom Servierpersonal bis zu Kaderleuten, Ärzten, Professoren, einfach alle.

Wie so vielen Deutschen, die aus dem grossen Kanton in die Schweiz übersiedeln, war es auch meiner Bekannten nicht schwer gefallen, sich für die Schweiz zu entscheiden. Ihre Enttäuschung war aber gerade das Resultat ihrer Erwartungen. Bevor sie in die Schweiz kam, hatte sie von diesem Land ein sehr positives Bild, aber leider kein realistisches. Mit zunehmender Aufenthaltsdauer wurde ihr bewusst, dass sich die Wirklichkeit ganz anders darstellte, als sie sich das vorher ausgemalt hatte, und ihre anfängliche Begeisterung begann immer stärker abzubröckeln. Das fing schon damit an, dass ihre deutsche Ausbildung nicht anerkannt wurde. Sie musste stattdessen auf einer vollkommen anderen Abteilung im Spital arbeiten, was ihr sehr unangenehm war und was sie als Zumutung empfand. Sie hätte im Vorfeld allerdings leicht in Erfahrung bringen können, dass Krankenschwestern in der Schweiz eine wesentlich längere und gründlichere Ausbildung durchlaufen als in Deutschland, einen höheren Status geniessen und über mehr Kompetenzen verfügen. Auch wird nicht jedes Diplom anerkannt. Das war aber nur die berufliche Situation und noch lange nicht alles.

Film ab

Einerseits war meine Bekannte selbst nicht ganz unschuldig an ihrer Situation, andererseits lief bei ihr ein Film ab, der bei vielen Deutschen so oder ähnlich abläuft. Lassen wir diesen Film einmal abspulen. Wir sitzen im Kino, lehnen uns im weichen Sessel zurück. Wunderschöne Landschaften mit intakter Natur ziehen vorbei. Kein wirklich fremdes Land, man ist ja in den Skiferien immer wieder gern hier zu Gast gewesen. Oder im Sommer zum Wandern. Was kann da noch schiefgehen? Leider einiges.

In den Ferien war man vor allem unter seinesgleichen und wie in den meisten Urlaubsländern vom Alltag irgendwie abgeschottet. Abgesehen vom Ski- oder Snowboardlehrer hatte man mit den Einheimischen wenig Berührungen. Sie waren auch nicht wirklich nötig, es ging auch sehr gut ohne vertieften Kontakt. An der Hotelrezeption wurde man nett und höflich von einem Deutschen oder Österreicher empfangen, und viele Angestellte im Service und zunehmend auch an den Bergbahnen waren ebenfalls Deutsche oder Österreicher. Wo es dennoch zu Direktbegegnungen mit Schweizern kam, wurde man den Eindruck einer gewissen Reserviertheit nie ganz los, eine gewisse Gehemmtheit von beiden Seiten. Dann war da noch die Sache mit der merkwürdigen Sprache, urtümlich zwar und originell, ideal zum Fondueessen, nur eben leider schwer zu verstehen. Aber Skiferien sind wohl kaum der richtige Ort, sich tief schürfende Gedanken über derartige Nebensächlichkeiten im Zusammenleben zweier benachbarter und befreundeter Länder zu machen. Man ist ja nur für kurze Zeit zu Gast.

Immer mehr Deutsche kehren ihrem Heimatland den Rücken und wandern aus Deutschland aus, nicht nur Bauarbeiter und Handwerker, sondern auch viele höher Qualifizierte. Sie finden in der Schweiz gut bezahlte, interessante Anstellungen, oft in Führungspositionen. Das Schlagwort vom Brain-Drain macht in Deutschland die Runde, aus schweizerischer Sicht ist dieser Zufluss dagegen ein Brain-Gain. Für die Schweiz ist dieser Auszug deutscher Topleute ein Segen, denn diese bilden eine unverzichtbare Grundlage für die bis vor kurzem noch gute Konjunktur. Für Deutschland ist der bisherige Massenexodus allerdings sehr schmerzlich, weil dem Land damit wertvolles Know-how und Wirtschaftskraft verloren geht. Während die früher gut gedeihende deutsche Volkswirtschaft seit Jahren stagniert, wuchs die Schweizer Wirtschaft weiter, lockte mit attraktiven Arbeitsbedingungen und niedrigen Steuern. Die jüngste Finanz- und Wirtschaftskrise hat allerdings beide Länder schwer getroffen. Es bleibt abzuwarten, wie die langfristigen Auswirkungen sein werden.

Wer sich für ein fremdes Land entscheidet, und sei es auch nur für einen begrenzten Lebensabschnitt, plant einen wichtigen Schritt. Viele Fragen müssen beantwortet werden. Ist das Risiko wirklich überschaubar? Immerhin geht es um einen Neubeginn mit vielen Unbekannten, anderen Sitten und Gebräuchen und dem Aufbau neuer Beziehungen, Freundschaften. Will man da wirklich alle Brücken hinter sich abbrechen und den Sprung ins kalte Wasser wagen? Dafür braucht es stichhaltige Gründe, die Vorteile sollten die Nachteile überwiegen. Spätestens jetzt kommt die Schweiz ins Spiel, sozusagen als Ausland für Anfänger. Lang gespeicherte und lieb gewonnene, aber kaum hinterfragte Klischees gelangen auf einmal ins Bewusstsein. Wie war das noch? Dieselbe Sprache und Kultur, dieses reiche und stabile Land, die älteste Demokratie der Welt, verschont von Krieg und Streiks, jahrhundertealte Neutralität, Vollbeschäftigung, tiefe Steuern, florierende Wirtschaft, heile Welt, Käse,

Alpenmilch und Schokolade, glückliche Kühe weiden auf grünen Alpenwiesen vor dem Hintergrund weisser Bergspitzen usw. Sind wir im Schlaraffenland gelandet, wo Milch und Honig fliesst? Oder sind wir nüchterner und lassen uns überraschen von der hohen Funktionstüchtigkeit eines kleinen Landes? Gerade Deutsche wissen genau, dass nichts einfach so funktioniert, sondern dass hinter besonderen Leistungen Disziplin, Organisation, Intelligenz und Zusammenhalt stecken.

Man glaubt es kaum, aber Umfragen zeigen, dass die Schweiz von aussen immer noch genauso oberflächlich wahrgenommen wird: Käse, Schokolade, Uhren, und vor jeder zweiten Skihütte steht eine Bankfiliale mit einem Geldautomaten. Die schweizerische Tourismuswerbung malt dieses Kitschbild liebevoll immer wieder aufs Neue, und die zahlreichen Gäste aus aller Herren Länder beweisen mit ihrer Anwesenheit, dass es funktioniert. Aber Tourismus hat mit der Alltagsrealität nicht besonders viel zu tun. Ich vermute, dass von allen europäischen Ländern Deutsche noch am meisten über die Schweiz wissen, weil sie mit Abstand den grössten Anteil an Feriengästen bilden. Bei unseren amerikanischen Freunden hingegen muss man schon dankbar sein, wenn sie uns geografisch in Mitteleuropa einordnen können, in den USA wird die Schweiz oft mit Schweden verwechselt, klingt ja auch zu ähnlich, Switzerland, Sweden …

Der grosse Irrtum

In den Beziehungen der Menschen aus Deutschland und aus der Schweiz zueinander kann es kaum einen grösseren Irrtum geben als den, dass es sich um dieselbe Kultur handelt. Mein ganzes Buch beruht auf der These, dass die sogenannte gemeinsame Kultur lange nicht so gemeinsam erlebt und wahrgenommen wird, wie es das offizielle Bild beider Länder, vor allem aber die landläufige deutsche Optik, vermuten lässt. Die meisten Missverständnisse zwischen Schweizern und Deutschen lassen sich auf diesen einen, allerdings weit verbreiteten und tief verwurzelten Irrtum zurückführen.

Felix Helvetia. Es war mir lange Zeit ein Rätsel, wieso ich mich hier so wohl fühlte, aber immer wieder von deutschen Landsleuten aus meinem näheren oder weiteren Umfeld erfahren musste, dass sie sich überaus schwer taten mit ihrer helvetischen Umgebung. Das Gejammer über diese und jene Schweizer Eigenheiten ging mir irgendwann auf die Nerven. Ich stellte mir immer öfter die Frage, warum viele dieser Leute hier nicht Wurzeln schlagen konnten. Waren das alles nur teutonische Dickschädel, die zu stur waren, um sich in eine neue Umgebung zu integrieren? Wurden diese Neulinge wirklich immer unisono von den angeblich so engstirnigen und spiessigen Eidgenossen abgelehnt? Nein, sagte ich mir, so einfach kann man es sich nicht machen, unter dieser Oberfläche verbirgt sich mehr. Ich begann zu beobachten, der Blick schärfte sich mit den Jahren, ich wurde zunehmend hellhörig und sensibilisiert für die alltäglichen Begebenheiten und Kleinigkeiten.

Es sind die unscheinbaren, oft unbemerkten Dinge, die es am Schluss immer ausmachen. Erstaunlicherweise glauben wir alle immer noch fest daran, wie wichtig das Grosse und Ganze sei, dabei wissen wir doch eigentlich schon lange, dass das nicht stimmt. Es ist wie in einer Ehe. Entscheidend ist die Art und Weise, wie sich der Partner die Zähne putzt. Handelt es sich dabei um primitives Hin- und Hergeschrubbe oder um halbwegs elegante Kreisbewegungen? Das Köpfen des Frühstückseis ist auch so ein Thema. Zerdeppert die geliebte Partnerin mit dem Eierlöffel die Eispitze und versucht dann mühsam die Schale abzupellen? Das kann ewig dauern. Im schlimmsten Fall reisst das feste Eiweiss ab und bleibt dann an der Schale hängen. Für so etwas kocht man keine Eier. Noch rücksichtsloser ist die Methode, mit der Messerspitze in das weich gekochte Ei hineinzustechen, nur um sich dann durch die Kalkschale durchzusägen, bis sich der Deckel löst und das arme Ding enthauptet ist. Wäre es nicht humaner, Eier zu erschiessen? Es gibt unendlich viele dieser vermeintlichen Banalitäten, die jederzeit zu Streitereien und zur Scheidung mit nachfolgendem finanziellem Ruin führen können. Hinter Kleinigkeiten lauern Abgründe.

Übertragen auf die Schweiz und Deutschland würde das bedeuten: Wir müssen die Knackpunkte unseres unausgesprochenen Kulturkampfes in den zermürbenden Niederungen des täglichen Lebens aufspüren und nicht in den luftigen Höhen der intellektuellen Elfenbeintürme.

Sauschwaben

Zunächst müssen wir uns eine Kleinigkeit eingestehen, und zwar die triviale Tatsache, dass wir ein Problem haben. Haben wir das? Eine alte Binsenweisheit der Psychologie besagt, ein zwischenmenschliches Problem könne erst dann gelöst werden, wenn beide Konfliktpartner es als solches erkannt haben. Wie sieht es da zwischen Schweizern und Deutschen aus? Ich behaupte, sie haben Probleme, und zwar einige. Leider werden die ständig negiert, vor allem von den Deutschen.

Aus helvetischer Sicht ist die Sache mit dem deutschen Vorurteil so aktuell wie eh und je und harrt weiterhin einer dauerhaften Lösung. Aber wie könnte die aussehen? Lassen wir einmal die Realität beiseite. Angenommen, die Schweiz besetzt Deutschland. Dann hätte man das teutonische Problem ein für alle Mal gelöst, und die Deutschen müssten endlich einmal nach der Schweizer Pfeife tanzen.

Welch herrliche grossschweizerische Fantasie. Wagen wir also einen Präventivschlag, wieso nicht? Friedrich der Grosse hat das ja damals auch schon erfolgreich gemacht, das könnte klappen. Allerdings ist die praktische Umsetzung noch nicht geklärt. Wenn wir uns das weiter ausmalen, dann hätten wir eine schweizerisch besetzte Zone. In dieser Zone wären intensive Schweizerdeutschkurse an allen deutschen Schulen Pflichtfach, und zwar von der Grundschule bis zur Matura (Abitur). Weitere Pflichtfächer wären Schweizer Geschichte und Geografie. Ohne Bestnoten in diesen grundlegenden Fächern wäre ein Hochschulstudium von vornherein ausgeschlossen. Was wiederum sehr hilfreich für die reibungslose Umschulung aller Deutschen in den besetzten Gebieten wäre sowie für alle dort lebenden Ausländer. Selbstverständlich müsste man die Integration der germanischen Urbevölkerung in das neue Grosshelvetien mit weiteren Kolonisierungsmassnahmen zügig vorantreiben. Dabei sollte man die historischen Vorbilder nicht vergessen, von denen man lernen könnte. Mit einer Ausnahme: Napoleon, von dem nun gerade nicht, den hatten wir in der Schweiz schon. Ich bin nun einmal ein Bernburger, und wir sind einfach nicht gut auf diesen Herrn zu sprechen. Dieser korsische Usurpator hatte ja nichts anderes zu tun, als dem äusserst wackligen Ancien Régime den Rest zu geben. Nicht besonders schwierig, und dann? Ganz Europa mit Krieg zu überziehen, man hat ja gesehen, wohin das führt. Wenn schon, dann lieber Cäsar und die anderen Römer, die hatten das schon viel früher drauf, umfassend, das ganze Programm. Wo wären wir Schweizer und Deutschen heute mit unserer Kultur, wenn wir damals nicht als römische Provinz kolonisiert und zivilisiert worden wären?

Die schweizerische Sichtweise folgt dabei, und nicht nur in der Fantasie, immer noch unterschwellig dem Motto, diesen grosskotzigen Sauschwaben hätte man schon unter den Habsburgern eins auf die Mütze gegeben. Das war im Mittelalter und ist eigentlich schon ewig her, könnte man meinen. Wir befinden uns im 21. Jahrhundert, und der Fortschritt hat uns weit gebracht. Aber seien wir ehrlich, ist das wirklich lange her? Ein paar Jahrhunderte, noch nicht einmal tausend Jahre, was ist das schon in der Menschheitsgeschichte?

Witze sind Ausdruck der Volksseele, nehmen wir als Beispiel die Basler Fasnacht. Viele «Schnitzelbangg»-Verse befassen sich mit den Deutschen, mit einigem Abstand gefolgt von den Zürchern, die bekommen auch ihren Teil ab. Leider äussert sich darin eine eher defensive Grundhaltung. Die wird uns noch in anderem Zusammenhang begegnen. Aber wie sollte es auch anders sein, von der schieren Grösse her gesehen, sind beide Länder einfach zu ungleich, hier die kleine Schweiz, dort das zehnmal grössere Deutschland.

Die deutsche Optik ist komplizierter, weil es nicht das allergeringste Problem gibt mit den netten Schweizern und der kleinen Schweiz, das meinen jedenfalls die Deutschen, solange sie in Deutschland leben. Und hier liegt das Problem. Vieles wird nicht ernst genommen. Ach, so niedlich, unsere Schweizer, diese Exoten im Alpenparadies. Die putzige Schweiz, stets sauber und aufgeräumt, das hätte man zu Hause auch gern. Und immer mit dem «li» am Ende, damit die kleinen Gnome noch etwas kleiner werden. Der niederschmetterndste Tiefschlag für jeden Schweizer ist, wenn auch noch das eigene Geld verunglimpft und herablassend auf «Fränkli» zusammengeschrumpft wird. Woher soll denn der Deutsche wissen, dass ausgerechnet beim Schweizer Franken die Verkleinerungsform nicht zur Anwendung kommt? Es heisst doch auch «Nötli» und nicht «Noten». Er will es nur richtig machen. Kommt es in Deutschland aber doch einmal zum ernsthaften Streit mit den niedlichen Gartenzwergen, dann haben wir es jeweils ganz schnell und reflexartig mit diesen «Schweizern mit ihrem ewigen Minderwertigkeitskomplex» zu tun.

Deutsche und Schweizer wissen so einiges übereinander, und doch gibt es diese abgrundtiefen schwarzen Löcher der Unwissenheit über die Seelenlage des jeweiligen Nachbarn. Das geht in beide Richtungen. Der Not gehorchend, muss sich ein kleines Land wie die Schweiz mehr für den grossen Nachbarn interessieren als umgekehrt. Schon aus wirtschaftlichen Gründen, Deutschland ist mit grossem Abstand der weitaus wichtigste Schweizer Handelspartner. Vielleicht wissen die Schweizer deshalb mehr über Deutschland als die Deutschen über die Schweiz. Trotzdem ist das Land im Norden für viele Schweizer in vielerlei Beziehung ein weisser Fleck auf der Landkarte, Terra incognita. Paradoxerweise, denn das öffentliche deutsche Leben wird in den Schweizer Medien aufmerksam beobachtet, zum Beispiel die Redeschlachten im deutschen Bundestag, aber auch alles andere. Dass Deutschland aber kein zentralistischer Staat ist wie Frankreich, sondern ein Land der Bundesländer und Regionen, das wird in der Schweiz praktisch nicht zur Kenntnis genommen.

Und damit auch nicht die sich daraus ergebenden riesigen Mentalitätsunterschiede.

In Deutschland wird die Deutschschweiz nach wie vor als eine Art kulturelle Verlängerung des eigenen Landes wahrgenommen. Auch wenn die Schweiz als souveränes Land gesehen wird, wähnt sich der Deutsche im deutschsprachigen Landesteil der Schweiz doch in derselben Kultur wie zu Hause. Man pflegt ebenfalls seine Vorurteile, ist sich dessen aber nicht bewusst, sonst wären es ja keine Vorurteile. In der deutschen Wahrnehmung findet aber seit längerem ein Generationenwechsel statt. Für die Generation meiner Eltern war die Schweiz noch ein echtes Schlaraffenland. Es gab immer genug zu essen und zu trinken und vor allem: Es hatte keinen Krieg gegeben, die Schweiz war ein Ort der Stabilität und des Friedens. Für meine Eltern war in der Schweiz immer alles besser, und zwar ohne Ausnahme. Wir wussten immer schon mehr über die Schweiz als andere Leute, und die verwandtschaftlichen und freundschaftlichen Beziehungen zu Schweizern wurden stets aufrechterhalten. Man sprach zu Hause fast schon mit Ehrfurcht von der Schweiz. Meiner Mutter schmeckte dort sogar die Butter besser und das Joghurt. Sie behauptete, das läge an der unvergleichlich guten Milch. Wir Kinder haben uns zwar darüber amüsiert, aber wir haben das natürlich verstanden. Die Deutschen meiner Generation sind der Schweiz gegenüber realistischer und kritischer eingestellt, die üblichen Stichworte sind das Bankgeheimnis, die Neutralitätspolitik oder dass man sich aus allem heraushält, vor allem aus der EU.

Pflegt man in Deutschland möglicherweise ein undifferenzierteres Bild von der Schweiz als umgekehrt? Wenn das zutrifft, hätten die Deutschen das grössere Problem, negierten es aber hartnäckig. Also ein besonders schwerer Fall von Realitätsverlust, der Patient muss sofort auf die Couch. Aber wie legt man so ein grosses Land auf die Couch?

Tief sitzende Vorurteile

Als grenzüberschreitender Beobachter befand und befinde ich mich in einer privilegierten Lage. Ich wuchs in Deutschland auf und verbrachte dort meine Kindheit und Schulzeit bis zum deutschen Abitur. Dann kam der Wechsel in die Schweiz, Studium, Staatsexamen, Weiterbildung als Assistenzarzt, Oberarzt, und irgendwann wurde ich zum leitenden Arzt befördert. Seit langem habe ich hier Wurzeln geschlagen und fühle mich als Schweizer. Allerdings mit einem grossen Herz für Deutschland. Natürlich war und bin ich zwischendurch immer wieder in Deutschland, entweder bei Verwandten oder auf Familientreffen. Auch beruflich gab und gibt es immer wieder kürzere und längere Aufenthalte in Deutschland.

Wie man der folgenden Anekdote entnehmen kann, geriet ich von Anfang an in ein Minenfeld. Als ich während meines Medizinstudiums einmal zum Familientag, zu unserem alljährlichen grossen Familientreffen, nach Deutschland fuhr, begrüsste mich ein Onkel ohne grosse Umschweife mit den Worten: «Du bist aber schon richtig schweizerisch geworden.» Nicht sicher, worauf er damit anspielte, dachte ich zuerst an mein dickes, kariertes Flanellhemd, Teil meiner studentischen Kluft, das ich an diesem Nachmittag anhatte. Die trug man zwar in Deutschland damals ebenfalls zu jeder Gelegenheit, aber mich beschlich trotzdem ein unangenehmer Gedanke. Wurde das Flanellhemd etwa automatisch mit Alpenkultur in Verbindung gebracht? Der alte Herr glaubte doch wohl nicht im Ernst, wir würden an der Uni Holz hacken und Alphorn blasen oder, noch schlimmer, seien noch gar nicht so richtig von den Bäumen heruntergekommen. Oder war es vielleicht meine Aussprache, die bereits abzufärben begonnen hatte?

Ein deutsch-schweizerischer Klassiker. Damit kann man jede noch so tote Gesprächsrunde in Sekundenschnelle wieder beleben.

Das Rezept ist simpel. Man nehme lediglich ein französisches Wort, irgendeines, ganz egal welches, es muss aber mindestens zwei Silben haben, sonst funktioniert die Sache nicht. Sagen wir zum Beispiel Dijon (die Stadt in Burgund). In Deutschland könnte man als Schweizer unbekümmert in die Runde werfen: Ihr Sprachbanausen habt das immer schon falsch gemacht, könnt ihr eigentlich kein Französisch? Es heisst nicht Dijoon, mit der Betonung auf der letzten Silbe, sondern Diijon, weil die erste Silbe betont wird! Der Erfolg ist garantiert und durchschlagend. Bringen Sie sich rechtzeitig in Sicherheit, für Nebenwirkungen und Risiken wird keinerlei Verantwortung übernommen. Auf Schweizer Hoheitsgebiet das gleiche Rezept, die gleichen Zutaten, einfach umgekehrt durchführen. Büüro eignet sich ebenfalls ausgezeichnet, oder Büroo. Was viele nicht wissen, es funktioniert auch mit deutschen Ausdrücken. Ein Beispiel hierfür ist St. Moritz. Von Deutschen meist als St. Mooritz, mit langem o gesprochen, in der Schweiz wird dagegen die letzte Silbe betont. Es gibt noch mehr dieser Ausnahmen, aber es bleiben Ausnahmen.

Zurück zu meinem Onkel. Mir schwante Ungutes, hinter seiner gerunzelten Stirn konnte ich förmlich zusehen, wie sich der folgende Gedankengang zusammenbraute: Können deine kulturlosen Barbaren da unten in der Schweiz denn lesen und schreiben? Die schweizerische Medizin geniesst vielleicht einen ganz passablen Ruf und ist zehnmal besser als die marode deutsche Staatsmedizin. Aber nach deiner Ausbildung und bestandenem Staatsexamen würden wir es doch sehr begrüssen, wenn du dich wieder in der Zivilisation zurückmelden könntest. Ansonsten besteht die Gefahr, dass sie dir bis dahin auch noch das Essen mit Messer und Gabel ausgetrieben haben werden. Ich muss den Onkel hier natürlich in Schutz nehmen, er hat das nie gesagt, vielleicht würde er sich das sogar verbitten. Aber eigenartigerweise hatte auch er, wie so viele andere, keine echte Vorstellung vom realen Alltagsleben in der Schweiz oder war den üblichen, weit verbreiteten Vorurteilen erlegen. Erstaunlicherweise hält sich das Vorurteil in vielen deutschen Köpfen bis heute hartnäckig, wonach die Schweiz weniger kultiviert sei als Deutschland. Auch in meiner Familie ist dieser Widerspruch bis zum heutigen Tag nicht auszurotten, einerseits hat man grössten Respekt vor diesem Land, aber andererseits pflegt man seine kleine Kuhschweiz. Ein deutscher Mythos, der seinen Grund auch darin hat, dass in früheren Jahrhunderten diejenigen Männer Schweizer genannt wurden, die die Kühe in Deutschland betreuten. Ursprünglich handelte es sich um Schweizer, die aus Armut in der Fremde ihr Geld verdienen mussten. Daraus ist dann ein ganzer Berufsstand entstanden. So gesehen hat die Kuhschweiz weniger mit den Kühen in der Schweiz zu tun, als vielmehr mit den Kühen in Deutschland.

Mit zunehmender Beobachtungsdauer wurde mir immer bewusster, dass es typische Verhaltensmuster und Mechanismen gibt, die sich fast zwanghaft wiederholen. Meine frustrierte Bekannte ist bei weitem kein Einzelfall. Auch viele andere erliegen ständig diesem Missverständnis. Denselben Mechanismen bin ich bei zahllosen Bekannten und Verwandten sowie bei Kollegen begegnet, und ich war immer wieder erstaunt, wie gut man das Land, in das man einwandern möchte, zu kennen glaubt. Dabei könnte nichts weiter von der Realität entfernt sein.

Das Schwerste zuerst

Als Deutscher sollte man die Sprache lernen, Schweizerdeutsch. Zumindest, wer länger bleiben möchte. Jeder, der diese Erfahrung machen konnte, weiss, wie viele Türen und Tore sich ihm geöffnet haben, von denen er nicht einmal im Traum daran gedacht hat, dass es sie gibt. Damit hier kein Missverständnis aufkommt: Es geht nicht darum, Schweizerdeutsch verstehen zu lernen, es geht darum, es sprechen zu lernen.

Die meisten Deutschen werden jetzt entsetzt den Kopf schütteln, diese Meinung widerspreche allem, was sie je gehört hätten. Die Schweizer empfänden das als grobe Anbiederung und wollten doch gar nicht, dass man als Deutscher Schweizerdeutsch spricht. Stimmt, das ist die landläufige Meinung, und sämtliche Bücher zum Thema Schweiz reiten auf diesem Punkt herum. Trotzdem ist das falsch. Es handelt sich um eine heimtückische Falle, in die man leicht hineingerät, wenn man sich mit diesem Land beschäftigt. Für einen Deutschen ist nichts so, wie es auf den ersten Blick erscheint. Das hat mit der Ähnlichkeit zu tun.

Wer neu in die Schweiz kommt, wird schnell feststellen, dass es je nach Landesteil und Wohnort die verschiedensten Mundartvarianten gibt. Verstehen ist einfach, sprechen ist schwer. Am besten lernt man das, was man täglich hört. Wer einigermassen sprachbegabt ist, und das sind schliesslich die meisten, hat gute Chancen, es zu schaffen. Englisch oder Französisch haben die meisten ja auch irgendwann geschafft. Vielleicht sogar Spanisch, Russisch oder Italienisch.

Selbstverständlich wird man als Hochdeutsch sprechender Homo germanicus zwar überall problemlos verstanden werden, immerhin gehören wir zum selben Kulturkreis, zum gleichen Sprachraum. Trotzdem ist es eine Illusion, zu glauben, dass man als Deutscher hierzulande wirklich verstanden wird. Natürlich wird man in der Schweiz jeden Deutschen mühelos verstehen, wenn er in einem Restaurant ein Bier bestellt, in die Migros einkaufen geht oder am Arbeitsplatz mit seinen Berufskollegen redet. Es haben ihn ja alle laut und deutlich gehört. Falls er aber die ernsthafte Absicht hegen sollte, länger als nur ein paar Monate in der Schweiz zu bleiben, dann sollte er sich den Realitäten stellen und die Sprache erlernen, je schneller, desto besser.

Wer sich auf Dauer sträubt, die Sprache sprechen zu lernen, bleibt als Deutscher ein Alien von diesem nördlichen Planeten am äussersten Rand der Galaxie. Das merkt er aber nicht so ohne weiteres und schon gar nicht sofort, sondern frühestens als Fortgeschrittener. Die Menschen hier sind viel zu höflich und zu diskret, um ihm offen zu verstehen zu geben, dass man seiner klaren norddeutschen Aussprache etwas weniger Sympathie entgegenbringt, als er selbst glauben möchte.

Eine wichtige Ausnahme geniessen allerdings diejenigen, die als Deutsche in ihrem Freundes- und Bekanntenkreis in der Schweiz gut integriert sind. Sie sind auch hochdeutsch parlierend stets wohlgelitten. Man nimmt sie nicht einmal mehr als richtige Deutsche wahr. Sie sind sozusagen zu Vorzeigegermanen mutiert. Aber das gilt nur für deren engeren Bekanntenkreis und nur dort, wo man sie sonst noch gut kennt. An Orten, wo man sie noch nie gesehen hat, und das sind leider die allermeisten, tritt umgehend wieder Regel eins in Kraft, Sie wissen schon, der Alien aus dem Norden.

Wie kann es sein, dass die Deutschen trotz ihres schönsten und klarsten Hochdeutschs nur die Köpfe, aber nicht die Herzen der Einheimischen erreichen? Obwohl sie ihr Bestes geben, deutlicher und langsamer sprechen als zu Hause, die einzelnen Wörter besser betonen, längere Pausen einlegen, weniger Silben verschlucken und kaum nuscheln. Sie nehmen sich zum Zuhören mehr Zeit und quasseln weniger hemmungslos drauflos als zu Hause. Mit einem Wort, sie verhalten sich als Deutsche schon beinahe unerträglich rücksichtsvoll. Und trotzdem will das Eis nicht brechen, ganz im Gegenteil. Höchstwahrscheinlich hat es ihnen ja schon lange gedämmert, sie sollten der ernüchternden Tatsache ins Auge sehen, dass es eben gerade wegen ihrer wunderschönen Aussprache sein könnte, und nicht umgekehrt.

Schriftdeutsch, Hochdeutsch, Mundart

Das altbekannte Klischee sagt spätestens an dieser Stelle: Hier ist er wieder, der schweizerische Minderwertigkeitskomplex. Sie sind halt neidisch auf die Deutschen, die Schweizer, weil sie einfach nicht so schnell reden und denken können. Der Mythos des Minderwertigkeitskomplexes gegenüber dem grossen deutschen Bruder ist derart tief verinnerlicht, dass sogar die meisten Schweizer seit langem fest daran glauben.

Das Klischee des Minderwertigkeitskomplexes hat natürlich seine Gründe. Es ist wahr, für das schweizerische Empfinden drücken sich Deutsche schneller und eleganter aus. Und sie reden ja nicht nur Blech, die Deutschen. Aber denken die Deutschen auch schneller, träumen sie schneller, lernen sie schneller, studieren sie schneller, schreiben sie schneller? Die Deutschen neigen zur Weitschweifigkeit, sie kommen oft lange nicht auf den Punkt, vielleicht gerade deshalb, weil sie immer sofort drauflosreden. Der Deutsche redet und denkt gleichzeitig, der Schweizer denkt zuerst und redet dann. In der Schweiz wird gerne knapp formuliert, man besitzt die Gabe, einen Sachverhalt auf den Punkt zu bringen, auch schriftlich, während in Deutschland auch in grossen Zeitungen und Zeitschriften eine Tendenz zum Geschwätzigen, Eitlen, Uferlosen besteht.

Die gepflegte hochdeutsche Artikulation geht bei den meisten Schweizern tatsächlich langsamer und weniger flüssig vonstatten als bei den Deutschen. Das ist die Wahrheit, die sich hinter dem Mythos vom Minderwertigkeitskomplex verbirgt. Allerdings kein Wunder, denn im Hochdeutschen fühlt man sich als Schweizer auch nicht zu Hause, wie das eben so ist in einer Fremdsprache. Spätestens beim Sprechen und Denken in der Schweizer Mundart, der Muttersprache, hat das Klischee vom Minderwertigkeitskomplex und der langsamen Sprache aber ausgedient. Auf einmal werden schnell und intuitiv Satzkonstruktionen verdichtet, es werden griffige Wendungen gebraucht, und unversehens überrascht das helvetische Idiom mit reichhaltigem Wortschatz und Wortwitz, ist sogar poetisch. Da muss ein Deutscher erst einmal mithalten können. Es ist also sehr in Frage zu stellen, ob der Schweizer oder der Deutsche das schnellere Mundwerk hat, von der Geschwindigkeit des Denkens ganz zu schweigen.

Nur über Nuancen und Feinheiten können wir uns an eine andere Kultur annähern. Das geht nur über die Landessprache. Am Beispiel von Witzen kann man das erklären. In einem treffenden Witz öffnet sich für einen kurzen Augenblick die Tür zu einer anderen Kultur. Oder das Fluchen. Wenn Sie auf Schweizerdeutsch flüssig fluchen können, und man versteht Sie immer noch, dann sind

Sie angekommen. Manche Leute sagen auch, beim Träumen sei es ebenso. Wenn Sie in einer fremden Sprache träumen, hätten Sie es auch geschafft. Ist das wirklich erstaunlich? Nein, ist es nicht. Bei näherem Hinsehen ist es nämlich die selbstverständlichste Sache der Welt. Wenn wir als Deutsche oder Schweizer in ein fremdes Land reisen, erwarten wir schliesslich auch nicht, dass uns auf Deutsch oder Schweizerdeutsch geantwortet wird, wo kämen wir denn da hin. Haben Sie schon einmal probiert, in Paris etwas auf Deutsch oder in Mundart zu fragen? Oder in New York? Wie wäre es mit Rom? Gut, die Italiener sind noch die Geduldigsten von allen, da werden Sie wohl ohne grösseren Schaden davonkommen. In Paris wird man Sie mit einem arroganten Schwall maschinengewehrschneller französischer Vokabeln eindecken, bevor Sie auch nur ein einziges Wort erwidern können. In New York wird man Sie wie Luft behandeln, kein Wort an Sie richten und möglichst schnell weitergehen. Sie könnten ja kriminelle Absichten hegen. Falls Sie insistieren, wird man Sie für einen potenziellen Schwerverbrecher halten und beim nächsten Versuch die berittene Polizei holen.

Ist es nicht die heilige Pflicht und Schuldigkeit des Gastes, sich der heimischen Sprache zu bedienen? Und wenn es nur ein paar wenige, schlecht betonte Wortbrocken sind, die Sie mit allergrösster Mühe gerade noch radebrechen können. Sie müssen es wenigstens versucht haben, und ich kenne kein einziges Land auf dieser Welt, wo man Sie dafür nicht achten wird. Kommt aber ein Deutscher in die Schweiz, spricht er nicht nur mit der allergrössten Selbstverständlichkeit die eigene Sprache weiter und erwartet, dass er von allen verstanden wird. Nein, zu allem Überfluss möchte er auch noch eine Antwort in der eigenen Sprache. Haben wir es hier nicht mit dem Gipfel der Unverschämtheit zu tun?

Sobald ein Deutscher das Wort an einen Schweizer richtet, tritt der Automatismus in Kraft, wonach sich der Schweizer bemühen wird, höflich auf Hochdeutsch zu antworten. Er begibt sich somit freiwillig auf eine ihm fremde schiefe Ebene, wo er nur verlieren kann. Stets darauf bedacht, nicht bei der kleinsten Unsicherheit auszurutschen und der Länge nach hinzuschlagen, tastet er sich vorsichtig über sprachliches Glatteis. Mit anderen Worten, hier geht es um ein Kräftemessen mit ungleichen Spiessen. Warum der Schweizer das macht, ist nicht ganz klar. Ich vermute aber, es ist einfach Gewohnheitssache, dass man als Schweizer von Kindheit an darauf trainiert ist, mehrere Sprachen zu sprechen, man ist stolz darauf, in einem Land mit vier Sprachen zu leben, und möchte das auch zeigen.

Um der Sache gerecht zu werden, muss man den richtigen Massstab anlegen und nicht versuchen, Äpfel mit Birnen zu vergleichen. Die Umgangssprache in der Deutschschweiz war zwar immer schon Schweizerdeutsch, aber alle Zeitungen in der Schweiz erscheinen auf Hochdeutsch, in Radio und Fernsehen wird ebenfalls oft hochdeutsch gesprochen. An dieser Stelle ist es unbedingt nötig, dass wir noch etwas weiter differenzieren. Der Begriff Hochdeutsch hat nämlich seine Tücken. Der passende Terminus technicus in diesem Zusammenhang heisst Schriftdeutsch. Schriftdeutsch ist die schweizerdeutsche Variante von Hochdeutsch. Das gesprochene Schriftdeutsch unterscheidet sich aber stark vom Hochdeutschen, weil es mit einem deutlich erkennbaren schweizerdeutschen Akzent gesprochen wird. Man könnte sagen, es ist eine Art Ratsherrendeutsch, das eher schwer, würdig und gemessen daherkommt, nicht gerade sehr flüssig. Die Worte werden so ausgesprochen, wie sie geschrieben werden, vielleicht rührt daher der Ausdruck Schriftdeutsch. Beispiel: Oft wird r auch phonetisch als r ausgesprochen, so etwa in dem Verb hören, phonetisch: hören.

In Deutschland ist das anders, auch im Englischen, da fallen viele r dem Sprachfluss zum Opfer oder werden am Ende eines Wortes einfach verschluckt. Wohlgemerkt im Hochdeutschen, nicht etwa im Dialekt. Die Deutschen haben das derartig verinnerlicht, dass es gar nicht mehr bemerkt wird. Oder nehmen wir die Vokale. Man achtet im Alltag viel zu wenig auf derartige Feinheiten, aber auf Hochdeutsch würde man das Wort hören anders aussprechen, nämlich phonetisch so ungefähr wie höan. Hier ist erstens das r weggefallen und zweitens das e zu einer Art a umgeschmolzen worden.

Das gesprochene Wort höan unterscheidet sich somit in der deutschen Fassung wesentlich von dem geschriebenen Wort hören. Was ist passiert? Im gleichen Atemzug ist aus einem zweisilbigen Verb ein Wortgebilde mit nur einer Silbe entstanden, dafür aber neu mit zwei hintereinandergesetzten Vokalen. Immer nur phonetisch, versteht sich. Man könnte sogar so weit gehen, zu behaupten, dass das Schriftdeutsche eigentlich das bessere Deutsch ist, weil man es in der Schweiz mit der schriftdeutschen Aussprache sehr viel genauer nimmt, was aber auf Kosten des Sprachflusses und der Schnelligkeit geht. Es werden auch keine Silben verschluckt, was in Deutschland sogar bei sehr guten Tagesschausprechern absolut üblich ist.

Die schriftdeutsche Sprechweise in der Schweiz ist gewollt und Teil der Landeskultur. Es haben schon Schweizer Nachrichtensprecher ihre Stelle nicht bekommen, weil sie richtig gut hochdeutsch vorgesprochen haben. Man möchte sich hier ausdrücklich abgrenzen. In Radio und Fernsehen werden alle Nachrichtensendungen schriftdeutsch gesprochen, viele andere Sendungen sind dagegen in Mundart, Diskussionsrunden zum Beispiel oder Sportsendungen. Ausländische Spielfilme sind hochdeutsch synchronisiert. In der Schweiz, und nur hier, werden im Fernsehen Filme und Serien in Synchron- und Originalsprache angeboten, man kann wählen. Im Kino ist es wieder anders, alle Filme erscheinen in der Originalsprache mit deutschen Untertiteln.

Grundverschieden verhält es sich mit Dialekt und Hochsprache in Deutschland. Der Gebrauch einer Dialektsprache ist sozial geächtet und wird generell als etwas Minderwertiges angesehen. Die Ausdrücke Niederdeutsch oder Plattdeutsch (Nederdüütsch, Plattdüütsch) für die im Norden Deutschlands verbreiteten Mundarten deuten es an. Wobei das Adjektiv plat nicht «vom flachen Lande» bedeutet, sondern «klar, deutlich, jedermann verständlich». Nicht nur in Deutschland ist der Dialekt die Ausdrucksform mit der geringsten kommunikativen Reichweite und wird häufig bereits im Nachbarort als fremd empfunden. Auch wenn man immer wieder auf regionaler Ebene versucht hat, lokale Dialekte am Leben zu erhalten, wie Wolfgang Niedecken mit seiner bekannten Kölner Popgruppe BAP. Aber wer im hanseatischen Hamburg mit niederbayerischer Zunge ein Bier bestellen möchte, in Berlin auf Plattdeutsch einen Diebstahl anzeigen will oder etwa in München eine Auskunft auf Sächsisch verlangt, würde zwar einigermassen verstanden, aber im besten Fall mitleidig belächelt werden. Zwar gibt es in Deutschland zahlreiche Dialekte, jede Region hat ihren eigenen, die durchaus gepflegt werden, zum Beispiel unter Freunden und in der Familie. Trotzdem würde es niemand riskieren, sich im Alltag nicht der hochdeutschen Umgangssprache zu befleissigen, auch wenn es nicht das hannoversche Hochdeutsch sein muss, das landesweit als bestes gilt. Am jeweiligen Einschlag darf erkennbar sein, woher der Sprechende stammt. Aber Hochdeutsch muss sein. Ansonsten wäre ernsthaft zu befürchten, sich als bäurischer Einfaltspinsel zu blamieren. Womit wir bereits wieder beim Klischee der Kuhschweiz angekommen wären. Der Dialektsprache werden in Deutschland die Attribute fröhlich, heimatverbunden, ursprünglich, liebevoll zugeordnet, man zeigt sich damit zugehörig zu einer bestimmten Volksgruppe.

Es stellt daher für Deutsche eine überaus grosse mentale Hürde dar, dass die diversen Mundarten in der Schweiz die alltägliche Umgangssprache bilden. Trotz aller vorhandenen regionalen Unterschiede übernehmen sie damit die einigende und identitätsstiftende Rolle, die in Deutschland die Hochsprache ausübt. Überspitzt formuliert, hat in der Schweiz die Mundart die Funktion der Hochsprache. Allein dieser Gedanke dürfte eine Provokation sein, aber genau hierher rührt die tief verwurzelte Abneigung der Deutschen, die schweizerische Mundart als Sprache wirklich ernst zu nehmen. Für ungeübte deutsche Ohren klingt das schweizerische Idiom sogar unfreiwillig erheiternd, was wiederum für den Schweizer ein untrügliches Zeichen teutonischer Arroganz darstellt. Diese merkwürdigen Laute verstehen zu lernen, mag ja noch angehen, aber diese auch noch sprechen lernen zu müssen, das ginge dem Deutschen dann doch zu weit. Ein deutscher Freund, ganz neu in der Schweiz, erzählte mir von einer Frau, die er vor kurzem in Zürich kennen gelernt hätte. Bezaubert von ihrer Eleganz und Anmut, habe er sie mit der Aufbietung seines ganzen Charmes in ein erstes Gespräch verwickeln können, um mit Erstaunen feststellen zu müssen, dass über ihre Lippen nur schweizerdeutsches Wortgepolter herausgekommen sei.

Kein Zwang und keine Anreize

Der merkwürdige Umstand, dass ein Deutscher in der Schweiz nicht gezwungen ist, die einheimische Sprache zu sprechen, stellt allerdings ein heimtückisches Hindernis dar, um die Schweizer Mundart zu erlernen. Was passiert? Deutsche sprechen weiterhin die eigene Sprache, Hochdeutsch. Das ist das Normalste der Welt, weil man sich als Deutscher in der heimischen Kultur wähnt. Es fehlen die Anreize von aussen, es wird einem zu einfach gemacht. Als Deutscher merkt man ja gar nicht, was einem alles entgeht, man nimmt nur wahr, was man sehen und hören kann. Eine alte Weisheit besagt: Man kann nur erkennen, was man weiss. Wie wahr. Viele interessante Männer und Frauen wird der Deutsche nie kennen lernen, viele Einladungen nie erhalten.

Selbstverständlich wird sich der Bekannten- und Freundeskreis mit den Jahren auch so immer mehr erweitern. Vielen meiner deutschen Bekannten gefällt es sehr gut in der Schweiz, sie haben sich nahtlos eingelebt und kennen inzwischen auch viele interessante Leute. Die meisten wollen gar nicht mehr weg. Aber ganz kuschelwarm fühlen sie sich immer noch nicht mit diesen Schweizern. Merkwürdigerweise sei man als Deutscher auch heutzutage einfach immer noch nicht hundertprozentig akzeptiert, und so würde man halt mehrheitlich mit anderen Deutschen oder anderen Ausländern Kontakte pflegen. Dieses Verhaltensmuster führt früher oder später unausweichlich zu Abwehrreaktionen. Bei passender Gelegenheit, bei Auseinandersetzungen zum Beispiel, werden dann irgendwann wieder stereotyp die langweiligen und spiessigen Schweizer aus der

Mottenkiste gezerrt, auf der anderen Seite sind es regelmässig die arroganten und besserwisserischen Deutschen.

Damit hier kein Missverständnis entsteht, ich möchte nicht einer Mundartkultur das Wort reden, wie sie vielerorts propagiert wird. In vielen elektronischen Medien in der Schweiz (Chatrooms, SMS, E-Mails, Blogs usw.) und in allen Radiosendern wird fast nur noch Mundart geschrieben und gesprochen. In dieser Ausschliesslichkeit hat dies etwas Beengendes. Nicht wegen der Sprache an sich, sondern weil man offenbar einen sprachlichen Zaun um sich ziehen möchte, um sich abzugrenzen. Ich halte es für wichtig, dass das Hochdeutsche und Schriftdeutsche seinen angestammten Platz behalten kann. Sonst könnte man ja irgendwann anfangen, alle Bücher, Zeitungen usw. auch noch in Schweizer Mundart zu drucken. In Holland wird das entsprechend gehandhabt.

Eines Tages ist es dann so weit, der grosse Moment ist gekommen. Man hat sich als Deutscher endlich ein Herz gefasst und sich nach Monaten des Zuhörens für eine dieser oft gebrauchten schweizerischen Redewendungen entschieden. Man hat sie immer wieder auf der Zunge hin und her gedreht, geprüft, ob die Aussprache auch wirklich stimmt, wer will sich schon blamieren? Vielleicht hat man sogar allein im Badezimmer vor dem Spiegel geübt. Man wäre nicht der Erste. Und jetzt soll die auserwählte Vokabel das Licht der Mundartwelt erblicken.

Sobald das sorgfältig eingeübte Lautgebilde aus Konsonanten und Vokalen den Weg von den Stimmbändern über den Rachen bis in die Mundhöhle genommen hat und dann rollend und polternd die Lippen verlässt, wird ziemlich sicher Folgendes passieren. Während man auf eine wärmende Äusserung des Lobes oder zumindest der Anerkennung wartet, nimmt die Katastrophe ihren Lauf. Na ja, mit Beifallsstürmen war auch nicht zu rechnen, aber ein wohlwollendes Nicken der geschätzten Zuhörerschaft wäre ein wertvoller Ansporn zu weiteren Versuchen. Nichts dergleichen. Nach einem kurzen Moment des ungläubigen Staunens wird man den mutigen Deutschen verblüfft anstarren und ihm dann undiplomatisch mitteilen, von weiteren Versuchen Abstand zu nehmen. Er bekommt zu hören, bei ihm klinge das doch einfach zehnmal besser und man wäre als Schweizer froh, wenn man auch nur annähernd so gut Hochdeutsch sprechen könnte. Auch wenn es vielleicht gut gemeint ist, halte ich das für eine höfliche Heuchelei. Der Widerstand ist gross, man möchte nicht wirklich, dass ein Deutscher Schweizerdeutsch spricht.

Paradoxerweise ist man zwar jedes Mal positiv überrascht, wenn es einer dann doch geschafft hat und die Sprache beherrscht. Es gibt viele, die es geschafft haben, sie outen sich aber nicht so ohne weiteres. Man möchte in der Schweiz einfach nicht, dass ein Deutscher Mundart lernt, weil es am Anfang wirklich nicht gut klingt. Ganz davon abgesehen, dass es tatsächlich als anbiedernd empfunden wird. Kennen Sie Ottmar Hitzfeld, den deutschen Fussballtrainer? Er kommt ursprünglich aus Lörrach direkt an der Schweizer Grenze und sollte als Angehöriger des alemannischen Sprachraumes eigentlich viel besser Mundart sprechen können, als er es tut. Normalerweise sprechen die Lörracher, Grenzacher und alle anderen Alemannen eine Mundartvariante, die der schweizerischen nahekommt. Die Sprachmelodie mit dem typischen Singsang ist recht ähnlich, auch wenn viele Ausdrücke typisch alemannisch bleiben.

Ich vermute, Ottmar Hitzfeld ist zu beliebt, als dass es ihm jemand schonend beibringen würde, es traut sich keiner. Er spricht nämlich sogar im schweizerischen Fernsehen eine Art Pseudoalemannisch. Der sympathische Mann ist oft im Fernsehen zu hören. Ihn zu sehen, wäre kein Problem, er ist nämlich eine gepflegte Erscheinung, und das, was er zu sagen hat, ist in der Regel vernünftig. Aber die Aussprache. Kein Wunder, ist er inzwischen zum dankbaren Opfer der Parodisten geworden.

Das teutonische Schwiizertüütsch mit seiner unverkennbaren Herkunft ist noch schlimmer. Man schaudert unwillkürlich, und die Nackenhärchen sträuben sich. Das ist aber nur deshalb so, weil man sich nicht wirklich in einem fremden Land glaubt. Man wähnt sich immer noch irgendwie in Deutschland. Wäre man wirklich der Überzeugung, in einem anderen Land mit einer anderen Kultur zu sein, wäre das ganz anders. Es wäre die selbstverständlichste Sache der Welt. Jede Fremdsprache klingt am Anfang seltsam.

Ich möchte an dieser Stelle aber eine Hintertür offen lassen, nur für den Fall, dass es trotz aller Anstrengungen und Mühen nicht funktioniert. Solche Fälle sind schon vorgekommen. Obwohl die mangelnde Bereitschaft und eine gewisse Bequemlichkeit eine grosse Rolle spielen, der innere Schweinehund eben. Nicht umsonst leben wir in einer Konsumgesellschaft, wo alles schnell zu haben und möglichst Easy Going sein muss. Es hat auch mit dem Alter zu tun. Wer dreissig oder vierzig Jahre von seiner Heimat geprägt wurde, verhält sich wohl wie der Baum, den man umpflanzt, und tut sich schwer. Kinder, bei denen die Prägung noch nicht abgeschlossen ist, lernen viel schneller. Nehmen wir einmal an, das Schweizerdeutsch würde nach Jahren immer noch dermassen teutonisch klingen, dass sich die Ohren der Mitbürger weigerten, das als Sprache zu akzeptieren. Erst jetzt hat man das Recht erworben, weiterhin hochdeutsch zu sprechen. Die Umgebung wird es einem danken.

Überspitzt formuliert kann man sagen: Schweizer lehnen das Lernen der Mundart bei anderen ab, begrüssen aber das Resultat. Anstatt den Wagemutigen zu ermuntern und ihm zu sagen, wie überaus schwierig das klippenreiche Unterfangen sei, wird seine Umgebung die gemachten Anstrengungen im besten Fall stillschweigend akzeptieren. Nachdem er sich mühsam von dieser harten Landung erholt hat, sollte er sich einen Plan machen, Ziele setzen. Niemand muss gleich so weit gehen wie ich und eine Schweizer Frau heiraten, obwohl das natürlich ein guter Anfang wäre. Es bringt auch nicht viel, auf seine Mitbürger zu hören, die ständig abraten werden. Das ist lediglich ein Anfangseffekt. Mit zunehmendem Erfolg wird man der Ausdauer Respekt zollen. Zugegeben, die ersten Versuche werden auch für die eigenen Ohren komisch klingen. Das fängt schon an mit der Sprachmelodie. Die Schweizer Mundart ist ein einziger Singsang. Es wird eine Weile dauern, aber wer als bisher hochdeutsch Sprechender so weit ist, dass er nur schon das hören kann, der ist einen entscheidenden Schritt weiter und bekommt ein ganz anderes

Gespür für die hochdeutsche Sprache. Das Hochdeutsche ist weniger melodiös, monotoner und abgehackter, ein Staccato.

Dann haben wir natürlich das ganze Spektrum gutturaler Geräusche und Rachenlaute, die charakteristisch sind für das Schweizerdeutsche, ohne die geht es nicht, die müssen Sie irgendwann beherrschen. Das weiche deutsche ch wie in China kommt im Schweizerdeutschen nicht vor. Zur Grammatik nur so viel: Eine systematische Grammatik dürfen Sie nicht erwarten, weil es keine gibt. Schon aus dem einfachen Grund nicht, weil nicht nur jeder Kanton in der Deutschschweiz seinen eigenen Dialekt mit seinen besonderen grammatikalischen Regeln hat, nein, sondern auch jede Region und jede Stadt. Mit der Artikulation und Betonung verhält es sich nicht anders. Die Prinzipien sind zwar überall ähnlich, aber jeder Ort hat seine zahlreichen Ausnahmen. Eine einzige, allgemein gültige Regel soll hier erwähnt werden, der Imperfekt. Die Vergangenheitsform des Imperfekts gibt es nicht. «Ich war» wird zu «ich bi gsi», zur Perfektform.

Das Allerwichtigste bleibt die innere Einstellung. Wer nicht auf dem hohen Ross daherkommt, hat schon den richtigen Zugang gefunden. Am besten macht man es so, wie man es in jeder anderen Fremdsprache auch machen würde. Zuerst genau hinhören, wie es die anderen machen, und dann bei der nächstbesten Gelegenheit nachsprechen. Zuerst im kleineren Kreis unter Freunden und Bekannten. Bitten Sie ausdrücklich darum, dass man Sie korrigiert. Mit der Zeit wird man Ihrer Bitte nachkommen.

Mit zunehmender Sicherheit können auch erste Gehversuche in der Öffentlichkeit gewagt werden, beim Einkaufen zum Beispiel. Man kann auch entsprechende Sprachkurse besuchen, die Migros bietet welche an. Hervorragend geeignet sind Bücher und Hörbücher. Es gibt viel Mundartliteratur in Buchform. Wer sich für klassische Literatur interessiert, für den gibt es sogar die Odyssee von Homer auf Berndeutsch, die erstaunlicherweise originalgetreuer ist als die hochdeutsche Fassung, da im Dialekt viele Ausdrücke vorkommen, die es in der Hochsprache nicht gibt. Bücher sind deswegen besonders geeignet, weil man mit zunehmender Dauer der Lektüre anfängt, seinen schweizerdeutschen Wortschatz unwillkürlich zu erweitern. Vieles geht durch das wiederholte Lesen in Fleisch und Blut über, ohne dass es gepaukt werden muss. Auch die Sprachmelodie wird sich stark verbessern. Hörbücher sind passiver, weil man sich berieseln lassen kann, aber trotzdem gut zu gebrauchen. Das sind aber alles nur flankierende Massnahmen, nichts kann die tägliche Übung des Zuhörens und Sprechens ersetzen, Learning by Doing eben.

An diesem Punkt angekommen, sollte sich niemand mit halben Sachen zufrieden geben. Auch wer als Deutscher schon viel erreicht hat, man wird noch lange hören, vielleicht sogar für immer, dass er aus dem grossen Kanton kommt. Das macht aber nichts, er sollte sich einfach nicht zu früh auf seinen Lorbeeren ausruhen, er hat ja schon allen gezeigt, dass er es schaffen kann. Jetzt braucht es Konsequenz, um den eingeschlagenen Weg auch noch ganz zu Ende zu gehen. Wenn man nicht locker lässt, kommen die Erfolge immer schneller, und die neue Umgebung wird mit allergrösster Anerkennung reagieren.

Arroganz

Das Wort Arroganz hat in der Schweiz eine andere Bedeutung als in Deutschland. In Deutschland gilt jemand als arrogant, wenn er sich anmasst, auf andere Leute herabzusehen, und sich für etwas Besseres hält. Also kein besonders edler oder nachahmenswerter Charakterzug. Aber auch kein Weltuntergang. In der Schweiz dagegen läuft jeder, der aus der Masse herausragt, sei es durch besondere Fähigkeiten oder nur schon durch seine Körpergrösse, Lautstärke, Sprache, Kleidung usw., allergrösste Gefahr, schon von weitem sichtbar als arrogant etikettiert zu werden. Womit bereits angedeutet ist, dass es kaum etwas Schlimmeres geben kann. Die antike Hybris als Frevel gegen die helvetischen Götter, die schwere Folgen nach sich ziehen kann. Hochmut als Todsünde.

In der egalitären Schweiz wird man im Handumdrehen arrogant und wundert sich. Es muss etwas mit dem Konflikt zwischen gleichberechtigten Individuen zu tun haben, die sich in ihrem persönlichen Selbstwertempfinden stark gestört fühlen. Durch die Klassifizierung des anderen als arrogant kann man sich abgrenzen, und das Gleichgewicht wird wiederhergestellt. Gross ist jeweils die Schadenfreude, wenn ein Arroganter auf die Nase fällt oder wenn man es ihm wieder einmal gegeben hat. Hochmut kommt vor dem Fall, seht her, er ist auch nur ein ganz normaler Mensch. Dem liegt der unauflösbare Widerspruch zwischen einer grundlegenden Gleichheitsforderung und der realen persönlichen Überlegenheit zugrunde, wenn jemand tatsächlich etwas viel besser kann als alle anderen. Als Gegensatz zu dieser vermeintlichen oder tatsächlichen Anmassung könnte als zeitgemässes Persönlichkeitsideal die Coolness angesehen werden. Anders ausgedrückt, der Arrogante wird als extrem uncool erlebt.

Die Deutschen werden in der Schweiz sehr oft als arrogant wahrgenommen. Man führt das einerseits auf das klare, gesprochene Hochdeutsch zurück, das sich vom gesprochenen Schriftdeutsch stark unterscheidet, und andererseits auf die Tatsache, dass die Deutschen ihre Meinung meistens sehr selbstbewusst und unverblümt äussern. Es kommt aber noch etwas hinzu. Eine weit höhere Barriere als Sprache und Direktheit ist das Verhalten der neu zugezogenen Deutschen. Wenn ein neuer deutscher Chefarzt in einem Schweizer Spital seinen Assistenzärzten und dem Pflegepersonal mit der gleichen Obrigkeitsattitüde begegnet wie zu Hause in seiner früheren Klinik in Deutschland, wird er tatsächlich als arroganter Deutscher schubladisiert, auf Unverständnis stossen und, wenn er sein Verhalten nicht ändert, längerfristig Schiffbruch erleiden. Ich habe das immer wieder beobachtet.

Mir fiel schon früh während des Studiums auf, dass es in der Schweiz nichts Weltbewegendes ist, Medizin zu studieren und Arzt zu werden. Im Gegensatz zu Deutschland, wo ich als angehender

Mediziner fast übertrieben bewundert wurde, machte man in der Schweiz darum kein besonderes Aufheben. Selbstverständlich ist man auch in der Schweiz als Arzt hoch angesehen, aber es ist trotzdem nicht das Allerhöchste, wenn man sich irgendwann einmal Dr. med. oder sogar Professor Dr. med. nennen darf. In meinem studentischen Umfeld habe ich mit Erstaunen festgestellt, dass auch Berufe ohne Matura (Abitur) und ohne Hochschulstudium hoch angesehen sind, ohne jeden akademischen Dünkel. Handwerksberufe zum Beispiel. Vermutlich auch aus diesem Grund gab es in der Schweiz bis vor wenigen Jahren noch keinen Numerus clausus für Medizin oder Zahnmedizin, während es den in Deutschland schon jahrzehntelang gibt, mit allen seinen negativen Folgen. Der soziale Status des Arztes ist in Deutschland mit seinem ewigen Obrigkeitsdenken einfach ein anderer als in der Schweiz. Ein deutscher Freund von mir hat nur deshalb Medizin studiert, weil er ein fantastisches Abitur abgelegt hat, ursprünglich wollte er etwas ganz anderes studieren. Man muss sich das vorstellen, Medizin war nie ein Thema für ihn, bis er dann sein Abitur mit Leichtigkeit und Bravour bestanden hat. Ich behaupte, dass man als Nichtakademiker und auch ohne anderweitige Titel in der Schweiz besser angesehen ist als in Deutschland. Auch beim Verdienst muss die Kluft nicht gross sein. Ein qualifizierter Ingenieur oder Handwerker mit einem eigenen Betrieb kann es ohne weiteres auf gleich viel wie ein Facharzt mit Praxis oder ein Chefarzt einer Klinikabteilung bringen. Natürlich gibt es Ausnahmen, die gibt es auch in Deutschland. Von deutschen Kollegen werde ich manchmal ungläubig angeschaut, sie können es nicht fassen, dass ein leitender Arzt oder ein Belegarzt an einer Privatklinik nicht mindestens in einer Riesenvilla wohnt, sondern nur in einer Wohnung.

Heute ist das auch in Deutschland ziemlich ausgeglichen, aber als ich anfing zu studieren, gab es dort bei den Ärzten noch riesige Einkommensunterschiede, und auch im direkten Ländervergleich verdiente ein deutscher Chefarzt wesentlich mehr als ein vergleichbarer Klinikchef in der Schweiz. Einem älteren Bekannten meiner Familie, der mich einmal um Rat fragte, wo er denn seinen Leistenbruch in der Schweiz operieren lassen könne, nannte ich eine gute Adresse. Dort ging er dann auch hin und liess sich operieren. Monate später trafen wir uns wieder, und ich fragte ihn, wie es ihm ergangen sei. Er war sehr angetan, von allem, von der Pflege, von den Ärzten, vom Resultat. Am meisten überrascht war er aber über die Rechnung, die er bekommen hatte. Mein Bekannter verriet mir erstaunt, wie angenehm moderat die Rechnung ausgefallen sei, als Privatpatient in Deutschland sei er ganz andere Chefarzthonorare gewohnt gewesen. Damit hängt zusammen, dass man in der Schweiz ganz allgemein Titeln gegenüber keine besondere Ehrfurcht entgegenbringt, im Gegenteil. Wer auf seine Titel pocht oder diese besonders zur Schau stellt, wird abgestraft. Das gilt noch stärker für Adelsprädikate. Das Thema Adel verdient allerdings ein eigenes Kapitel und wird später separat abgehandelt.

Während meiner Zeit als Oberarzt und leitender Arzt habe ich jahrelang Studenten und Ärzte ausgebildet, viele davon kamen aus Deutschland. Die Schweiz erfreut sich ganz allgemein grosser Beliebtheit bei deutschen Medizinstudenten, die entsprechenden Stellen vor dem Staatsexamen sind begehrt und oft schon länger als ein Jahr im Voraus ausgebucht. Bei den jungen deutschen Kollegen herrschte zuerst immer ungläubiges Staunen, und die Überraschung war jeweils gross, wie partnerschaftlich und wenig autoritär man ihnen hier begegnete. Sie waren aus Deutschland ganz andere Hierarchien gewohnt. Wie sie uns immer wieder erzählten, gefiel es ihnen in der Schweiz so gut, weil sie nicht einfach das fünfte Rad am Wagen waren, sondern man nahm sie als angehende Kollegen ernst. Sie durften viele Dinge selbstständig tun, kleinere Wundversorgungen, im Operationssaal assistieren, Patienteneintritte durchführen, ja sogar eigene Abteilungen übernehmen und so weiter und so fort. Immer nach dem bewährten angelsächsischen Motto «See it – do it – teach it». Selbstverständlich überwacht von erfahrenen Kollegen und Tutoren. Dies ist mit ein wichtiger Grund, wieso den deutschen Kliniken die Ärzte weglaufen und auswandern, besonders häufig in die Schweiz. Die Unzufriedenheit mit dem deutschen Klinikalltag ist auch nicht in erster Linie ein finanzielles Problem, obwohl keine Gefahr besteht, dass man von deutschen Assistentenlöhnen schnell reich werden könnte. Nein, es geht vor allem um die Art und Weise, wie junge Ärzte von ihren Vorgesetzten und der Klinikleitung behandelt werden. Das oben erwähnte Prinzip des «See it – do it – teach it», in der Schweizer Medizinerausbildung schon lange fest verankert, ist in Deutschland nicht hoch angesehen. Aber wie sonst will man als angehender Arzt Medizin lernen? Etwa nur im Frontalunterricht der Vorlesungen oder nur aus Lehrbüchern? Aus schweizerischer Sicht mutet das deutsche Gehabe manchmal tatsächlich wie eine Karikatur aus längst vergangenen Zeiten an. Dass man in deutschen Kliniken nicht auch noch pausenlos vor dem nächsthöheren Kollegen zackig die Hacken zusammenschlagen muss, grenzt schon fast an ein Wunder. Viele Deutsche werden in der Schweiz genau so wahrgenommen. Was der Oberarzt sagt, wird gemacht und nicht mehr diskutiert, basta. Das System verewigt sich selbst, ein Teufelskreis. Wer, angefangen vom Studenten über die Assistenzzeit bis zum Oberarzt oder bis zu noch höheren Positionen, selbst nichts anderes erfahren hat, der wird keine Hemmungen verspüren, dieses Verhalten auch gegen unten anzuwenden, man kennt ja nichts anderes. Buckeln gegen oben, treten gegen unten, wie ein Fahrradfahrer.

Immer wieder erleiden deutsche Führungskräfte in der Schweiz Schiffbruch, weil sie unfähig sind, in einem Team zu arbeiten. Sie haben es nicht gelernt, es war in ihrer bisherigen Laufbahn einfach nicht wichtig. Dabei gibt es auch für Hochschullehrer, Forscher, leitende Angestellte, Manager usw. neben der rein fachlichen Qualifikation heutzutage nichts Wichtigeres als Teamfähigkeit. Bei Besetzungen von Lehrstühlen in der Deutschschweiz haben deutsche Bewerber regelmässig die besten Karten, weil sie wissenschaftlich oft hervorragend qualifiziert sind, oftmals engagierter und ehrgeiziger sind als ihre Schweizer Mitbewerber und selbstbewusster auftreten. Dazu kommt, dass sie viel zahlreicher sind, auf eine schweizerische Bewerbung kommen oft gut und gerne zehn deutsche Bewerbungen. Die Chance, dass unter ihnen dann die Besseren sind, ist natürlich gross.

Man muss sich das in seiner ganzen Tragweite vorstellen, da werden in einer monatelangen Prozedur Privatdozenten und Professoren aus dem In- und Ausland umworben, durch Fachgremien sorgfältig evaluiert, zu Gastvorlesungen eingeladen und immer weiter ausgesiebt, bis man aus einem erlauchten Kreis von Übriggebliebenen endlich den Einzigen und Richtigen gefunden zu haben meint. Schliesslich wird mit hoher Wahrscheinlichkeit derjenige das Rennen machen, der die meisten Veröffentlichungen in möglichst renommierten Zeitschriften mit einem möglichst hohen Impactfactor vorzuweisen hat. Teamfähigkeit? Uninteressant. Ich finde es jedes Mal unfassbar, wenn trotz dieses ungeheuer aufwändigen und teuren Auswahlprozesses auch im 21. Jahrhundert noch Leute in Führungspositionen gehievt werden, die diese dann über Jahre und Jahrzehnte innehaben, obwohl sie dafür nicht geeignet sind, weil ihnen schlichtweg die nötigen charakterlichen und menschlichen Fähigkeiten fehlen.

Wie sind derartige Fehlplatzierungen heutzutage noch möglich? Ich habe einen guten Freund gefragt, der sich mit nichts anderem beschäftigt, als Führungskräfte durch tagelange Assessments zu schleusen und auf Herz und Nieren zu prüfen, um festzustellen, ob der Kandidat oder die Kandidatin für diesen anspruchsvollen Posten geeignet ist. Er wusste auch keine Antwort. Offenbar ist der Fachbereich der Medizin beratungsresistent, es gelten andere Regeln. Könnte es vielleicht daran liegen, dass diejenigen Experten, die in den massgeblichen Berufungskommissionen und Verwaltungsräten der Spitäler sitzen und ihren Einfluss geltend machen können, noch nie von derartigen Dingen gehört haben? Deutsche kommen auch heutzutage noch oft aus einem Arbeitsumfeld, in dem die reine Fachkompetenz alles gilt. Sogenannte Soft Skills wie Teamfähigkeit, emotionale Intelligenz, arbeiten in flachen Hierarchien usw. liegen den Schweizern besser als den Deutschen und werden in der Schweiz mehr gefördert.

Es heisst in Medizinerkreisen immer, man könne so etwas nicht lernen, das sei eben alles Charaktersache, diese oder jene Fähigkeiten beherrsche man entweder oder man beherrsche sie eben nicht, dazwischen gebe es nichts. Angeblich, so die landläufige Meinung, kann man diese Fertigkeiten auf keinen Fall so erlernen, wie man Prüfungsstoff erlernt. Aus der Pilotenausbildung in der Luftfahrt, bei der grosse Verantwortung für viele Menschen, Abhängigkeit von Technik, Elektronik und die Sicherheit ebenfalls eine überragende Rolle spielen, und auch aus anderen Bereichen weiss man schon seit Jahrzehnten, dass diese Meinung veraltet ist. Vielleicht kann man den Charakter eines Menschen nicht grundlegend verändern, sehr wohl aber sein Verhalten und wie er mit seinen Mitarbeitern umgeht. Und das ist schon eine ganze Menge.

Ausnahmen bestätigen aber manchmal die Regel. Das egomanische «Hoppla, jetzt komme ich» kommt auch in der Schweiz vor. Aus meinem näheren Umfeld sind das nicht selten die Kollegen aus den chirurgischen Disziplinen, diese Spezies ist im Allgemeinen sehr von sich überzeugt und lässt das alle Welt auch gerne wissen. Man sollte eigentlich meinen, dass Menschen, die es auf ihrem Gebiet zu viel gebracht haben, ein derartiges Verhalten gar nicht nötig hätten.

Dieses Verhaltensmuster findet man aber bei weitem nicht nur in der Medizin, obwohl es da vielleicht besondere Blüten treibt. Es gibt zwar die Hypothese, wonach Mediziner immer schon besonders anfällig für autoritäre Strukturen waren. Derartige Typen treiben aber ihr Unwesen in sämtlichen Bereichen der Wirtschaftswelt, auch bei Banken und Versicherungen. Es gibt ein besonders lesenswertes Buch über die katastrophalen Folgen, die diese Aufschneider und Despoten anrichten können, aber auch über geeignete Gegenstrategien. Der Autor des Buches heisst Robert Sutton und ist Professor für Management an der Stanford University in den USA. Es trägt den bezeichnenden Titel «The No Asshole Rule» und ist auch auf Deutsch erschienen.

Wenn die legendäre deutsche Obrigkeitsgläubigkeit, die ja im Grunde nichts anderes ist als die Kehrseite des autoritären Verhaltens, auf schweizerisch-demokratische Empfindsamkeiten trifft, dann kann der unterschwellig vorhandene Widerstand heftig werden. Ich habe diverse Beispiele auch aus anderen medizinischen Fachgebieten miterlebt, wo sich deutsche Kaderleute äusserst unbeliebt gemacht haben, wenn sie in ihrer neuen Führungsrolle ihren Schweizer Untergebenen gegenüber autoritär aufgetreten sind. Natürlich kann man nicht jedes Problem mit seinen Untergebenen endlos ausdiskutieren, und es braucht am Schluss immer jemanden, der die Verantwortung übernimmt, aber die Art und Weise, wie man miteinander umgeht, ist entscheidend. Es ist nicht nur der Ton, der die Musik macht, sondern die partnerschaftliche Grundhaltung, Teamfähigkeit eben. Da trifft sich die schweizerische Mentalität eher mit der angelsächsischen als mit der deutschen.

Noch schwieriger wird es, wenn der neue deutsche Oberarzt, leitende Arzt oder Chefarzt auch gleich seine Leute aus Deutschland mit in die Schweiz bringt, im Wissenschaftsbetrieb nichts Ungewöhnliches, und sich dann ausschliesslich mit seinen deutschen Mitarbeitern umgibt. Das ist in Deutschland gang und gäbe, wenn Chefärzte oder Abteilungsleiter die Klinik wechseln. Deutsche Chefärzte, neu in der Schweiz und sehr stolz auf ihren Job, haben aber häufig keine Ahnung, was sie damit für einen Flurschaden anrichten. Ganz zu schweigen von einer besonders berüchtigten Sorte von Kollegen, die ihre neue Professoren- oder Chefarztanstellung in der Schweiz lediglich als Karrieresprungbrett missbraucht, um nach kurzer Zeit wieder nach Deutschland auf einen noch besseren Posten zurückzukehren. In der Zwischenzeit haben sie aber ihre Klinik bereits zugrunde restrukturiert und die ehemaligen, bestens qualifizierten Mitarbeiter verdrängt, leider oft genau diejenigen, die den Betrieb erfolgreich am Laufen gehalten haben. Diese Wanderheuschrecken im akademischen Bewerbungszirkus handeln verantwortungslos, getreu dem Motto «nach mir die Sintflut», und haben schon ganze Abteilungen ruiniert.

Fast zwangsläufig entwickelt sich ein Teufelskreis. Zuerst wird der neue Chef misstrauisch betrachtet, schliesslich abgelehnt. Da er im schlimmsten Fall nur von seinesgleichen umgeben und somit abgeschirmt ist, wird er die Signale aus seiner Umgebung lange nicht wahrnehmen, wenn überhaupt jemals, er hat ja auch anderes zu tun und muss sich in sein neues Umfeld erst noch einarbeiten. Irgendwann wird aber auch er nicht länger verdrängen können, dass etwas nicht stimmt. Er stösst auf Ablehnung, weiss aber nicht, warum. Dann kommen seinerseits stereotype Argumente wie: «Die Schweizer verstehen mich nicht.» – «Ich bekomme zu wenig Unterstützung für meine Projekte von der Uni.» – «Meine Schweizer Mitarbeiter sind zu wenig motiviert.» Wenn er an diesem Punkt einen Rest Bodenhaftung besitzt, kann er jetzt noch auf seine neue Umgebung zugehen. Wenn er diese letzte Chance auslässt, wird er sich weiter einkapseln, was wiederum auf noch mehr Ablehnung stösst. Ich habe derartige Fälle bei Institutsleitern an grossen Unikliniken gesehen, die sich über Jahrzehnte hingezogen haben. In einem Fall kam es sogar zu einem langwierigen Gerichtsverfahren, das damit endete, dass der langjährige deutsche Chef entmachtet wurde. Ihm wurde ein Gremium von Kollegen vor die Nase gesetzt, am Schluss war er nur dem Namen nach noch Institutsvorsteher. Alles nur wegen zwischenmenschlicher Probleme.

Den eingebildeten Schweizer gibt es allerdings auch, am schlimmsten für einen Deutschen ist es, wenn er sich als verkappter Deutschenhasser entpuppt. Dieser Typ, dem jeder Realitätssinn fehlt, straft das Selbstbild von den nüchternen Schweizern Lügen. Er ist in seiner Borniertheit so sehr von sich überzeugt, dass er andere Kulturen und Meinungen gar nicht erst zu begreifen versucht. Als alleiniger Daseinszweck genügt es ihm vollkommen, Schweizer zu sein, mehr braucht es nicht. Diese Spezies existiert in vielen Ausführungen. Ich weiss von Deutschen, die sich in der Schweiz gemobbt fühlen von ihren Schweizer Kollegen. Dieser Typ Schweizer hasst die Deutschen einfach so, ohne besonderen Grund, dabei bleibt er aber immer höflich, was es nur noch schlimmer macht. Sehr unangenehm, aber besonders beliebt ist die schweizerische Angewohnheit, sich in Anwesenheit von Deutschen über angeblich deutsche Angewohnheiten lustig zu machen. Da wird dann nur so vom Leder gezogen, dass es für alle Schweizer eine grosse Lust ist, dafür weniger für die anwesenden Deutschen, die aber nichts sagen und dem lustigen Treiben mit gequältem Lächeln zuhören müssen. Gern karikiert wird die hochdeutsche Sprache mit ihrer harten Aussprache oder auch, wie schlecht die Deutschen Französisch oder Italienisch sprechen können. Dann wird der Schweizer Humorist zum viel gereisten Weltenkenner, der mit den provinziellen Deutschen nur noch Mitleid haben kann. So kann der Übeltäter seinen Frust abreagieren, ohne dass man ihn damit konfrontieren kann, er greift die anwesenden Deutschen ja nicht direkt an, er macht nur Witze über allgemeine Verhaltensweisen. Das machen die Deutschen mit den Schweizern zwar auch immer wieder, wenn im Fernsehen zum Beispiel die Schweizer Mundart nachgeahmt wird, und sie finden das auch immer wieder besonders lustig. Aber in Deutschland sind das nie längere Tiraden, man hört dann gleich von allein wieder auf, während das in der Schweiz zu einem abendfüllenden Humorfestival der besonderen Art ausarten kann.

Die Deutschen geniessen allgemein und in der Schweiz ganz besonders den Ruf, sehr robuste und selbstsichere Naturen zu sein, das hat auch mit ihrer Körpergrösse zu tun, Deutsche sind oft grösser als Schweizer. Wie wir noch sehen werden, stimmt das mit der Selbstsicherheit nicht, aber einem Deutschen wird in dieser Situation kaum einer seiner Bekannten zu Hilfe eilen. Es wird niemand auf die Idee kommen, dass sich seine empfindsame deutsche Seele schon lange mächtig zusammenreisst und er sich grün und blau ärgert. Die Schweizer sind ganz verliebt in ihren Mythos, wonach man als Deutscher ein unsensibles Wesen ist. Im Gegensatz zu ihnen selbst, Schweizer halten sich für empfindsamer. Aber so kann man viel besser auf die Deutschen einschlagen, ohne ein allzu schlechtes Gewissen zu bekommen.

Kompromisse und Konsenskultur

Der viel zitierte gutschweizerische Kompromiss existiert. Oft belächelt, spiegelt sich darin ein grundlegender schweizerischer Charakterzug. Die Redeschlachten im deutschen Bundestag habe ich an anderer Stelle schon erwähnt. Die derart zur Schau getragene Eloquenz und rhetorische Brillanz werden in der Schweiz bewundert, aber auch belächelt. Man ist sich bewusst, dass es sich um Hahnenkämpfe handelt, und steht dem Ganzen letztlich negativ gegenüber. Man verbucht das zwar als eine Art parlamentarischer Zirkusvorstellung und sagt sich, dass das in Deutschland funktionieren mag, ist aber gleichzeitig überzeugt, dass so etwas in der Schweiz nicht denkbar wäre.

Der sinkende Erfolg der freitagabendlichen «Arena», einer Politsendung des Deutschschweizer Fernsehens, belegt ebenfalls, dass polarisierende Meinungen in der politischen Debatte auch heute noch etwas Unschweizerisches sind. Vor über 15 Jahren ins Leben gerufen, sollte die Arena für mehr Kontroversen und eine Belebung der als langweilig empfundenen Diskussionskultur sorgen. Dabei stehen sich die Hauptkontrahenten wie Gladiatoren in der Mitte einer inszenierten TV-Manege gegenüber, umgeben von ihren jeweiligen Hinterbänklern und Parteisoldaten, die sich auf den kreisförmig ansteigenden hinteren Rängen befinden. Abnehmende Einschaltquoten zeigten jedoch bald einmal, dass die derart erreichte künstliche Vereinfachung und Zuspitzung vieler Debatten mit ihren gewollten Provokationen eher den stärkeren Redner bevorzugte als den besseren Standpunkt und der sachlichen Meinungsbildung eher im Wege stand. Entsprechend profitieren linke und rechte Parteien dank ihrer klareren Positionierung von der «Arena» wesentlich stärker als Parteien in der Mitte des politischen Spektrums, die es naturgemäss schwerer haben, ihre differenzierteren Sachargumente an den Mann zu bringen. Die grosse Gewinnerin dieser Rededuelle war oft die Schweizerische Volkspartei, die SVP mit dem Unternehmer und Milliardär Christoph Blocher, die sich in ihrer Opposition gegen die verhasste schweizerische Konkordanz und die «Classe politique» sehr wohl fühlt und dies jeweils medienwirksam in Szene zu setzen weiss.

Obwohl der Volkstribun Blocher seinen Zenit überschritten hat, noch eine Bemerkung zu ihm und zum Phänomen der von ihm massgeblich mitfinanzierten Partei, weil er etwas Unschweizerisches verkörpert. Das ist paradox, beruft sich Blocher doch in seinem Selbstverständnis immer wieder auf urschweizerische Traditionen.

Es war schon immer eine besonders gefährliche Begabung der äussersten Rechten, ihre irrationalen Inhalte hetzerisch zu verpacken. Die Nationalsozialisten waren Meister der Massenpsychologie. Die Verwendung brauner Sprachsymbolik kommt bei der SVP immer wieder vor, wenn zum Beispiel Asylbewerber als Ungeziefer oder Sozialdemokraten als wimmelnde, rote Ratten dargestellt werden. Es war die berüchtigte Naziprogaganda, die Juden als Ratten darstellte, die den gesunden deutschen Volkskörper zerstören würden. In den aggressiven Abstimmungskampagnen der SVP werden nicht nur geschickt die Medien für die eigenen Zwecke instrumentalisiert, auch die grafische Gestaltung der Plakate bewegt sich im Dunstkreis des Rassismus. Handwerklich perfekt gemacht, sind es perfide Machwerke der Verunglimpfung anderer, wenn zum Beispiel Ausländer als schwarze Schafe dargestellt werden, die mit einem gezielten Huftritt der weissen Schäfchen aus der sauberen Schweiz hinausbefördert werden. Oder wenn sich gierige Ausländerhände nach dem begehrten roten Schweizer Pass strecken. Neuerdings kommt noch die gefährliche Tendenz dazu, gezielt gegen andere Religionsgruppen zu hetzen, wie es bei den Antiminarettplakaten der Fall war, die sich ausdrücklich gegen Muslime gerichtet haben. Der Zürcher Soziologe Kurt Imhof schreibt dazu: «In anderen Ländern könnten nur rechtsextreme Splittergruppen nachts und heimlich ähnliche Affichen anbringen. Nach dem Zweiten Weltkrieg wurde Fremdenfeindlichkeit und Rassismus in allen Ländern stark diskreditiert. Die Schweiz war davon nicht in gleichem Masse betroffen. Die Schweiz hatte nie ein ethnisches Selbstverständnis. Um eine Rassismusdebatte kam sie damit herum.»

Auch wenn die SVP keine faschistische Organisation ist, es ist kein Zufall, dass bei öffentlichen Auftritten der SVP Skinheads und Neonazis oft gut sichtbar mit dabei sind. Was die ehemalige Bauernpartei in ihrem Innersten eint, ist die diffuse Angst vor Veränderung, und zwar vor allem, was in irgendeiner Art und Weise neu und fremd sein könnte. Hinter der offen zur Schau getragenen fremdenfeindlichen Grundströmung verbirgt sich eine kaum kaschierte, abgrundtiefe Verunsicherung, die so ihren rückwärtsgewandten Ausdruck findet. Eine ungute Mischung, die aber in einer Zeit der Umwälzungen viele Leute anspricht.

Die sogenannte Volkspartei kann einem Widerspruch nicht entrinnen. Einerseits hat sie die wahre Demokratie auf ihre Fahnen geschrieben und wird nicht müde, den Bundesrat als undemokratisch und als nicht dem wahren Volkswillen verpflichtete Regierung aufs Korn zu nehmen und zu verunglimpfen, obwohl es doch klar ist, dass dieser in einem demokratischen Prozess gewählt wird und einer ständigen parlamentarischen Kontrolle unterliegt. Andererseits hält es die SVP selbst nicht immer so genau mit den streng von ihr eingeforderten demokratischen Gepflogenheiten und Beschlüssen. Das zeigte die Wahl von Eveline Widmer-Schlumpf als Bundesrätin, die demokratisch durch das Parlament erfolgte, was die überlistete SVP aber nicht akzeptieren konnte. Blochers Wortwahl und Sprache und die seiner Adepten sind vordemokratisch, wenn nicht gar offen autoritär, auch die Führung seiner Partei folgt streng autoritären Prinzipien, die aus dem patriarchalischen Handbuch eines Industriekapitäns alter Schule zu stammen scheinen. Ob das mit den Strukturen einer demokratischen und offenen Gesellschaft des 21. Jahrhunderts vereinbar ist, sei dahingestellt. Zumindest darf festgestellt werden, dass man hier den eigenen Ansprüchen nicht genügen kann. Auch wenn die SVP, mit oder ohne Blocher, in Zukunft weiterhin erfolgreich

Themen besetzen und tief sitzende Ängste schüren kann, so darf doch bezweifelt werden, dass sie langfristig ernsthaft an der erfolgreichen schweizerischen Konsenstradition kratzen wird.

Zurück zum rhetorischen Direktvergleich mit Deutschland. Es geht hierbei weniger darum, dass die Schweizer einen sprachlichen Minderwertigkeitskomplex haben, sondern sie sind der Meinung, dass diese Art der polarisierenden Auseinandersetzung ineffektiv ist und zu keinen brauchbaren Ergebnissen führt, was natürlich stimmt, vor allem langfristig. Das rührt tief an das helvetische Selbstverständnis. Wir kommen zu einem der Hauptunterschiede zwischen Deutschen und Schweizern. Um die Sache anschaulicher zu machen, muss man etwas übertreiben. Da haben wir auf der einen Seite die Deutschen mit ihrer, nennen wir es einmal Streitkultur und auf der anderen Seite die Schweizer mit ihrer Konsenskultur. Sowohl in Deutschland als auch in der Schweiz betrifft das aber natürlich nicht nur die politische Auseinandersetzung, wir sprechen von jetzt an von allen Lebensbereichen, in denen man geteilter Meinung sein kann, und das sind so ziemlich alle.

Einem Schweizer fällt als Erstes auf, dass in Deutschland viel direkter miteinander umgegangen wird, aus schweizerischer Sicht sogar brutal. Wünsche und Bedürfnisse werden schnörkellos und ohne grosse Umschweife mitgeteilt, hier zwei besonders drastische Varianten: «Ich bekomme ein Bier», hört man in der Gastwirtschaft. Oder im Büro: «So ein Quatsch, können Sie Ihre Präsentation nicht besser machen?» Basta. Letzteres würden sogar viele Deutsche als grob unhöflich empfinden. Ablehnungen werden ebenfalls unzimperlich formuliert. «Mir gefallen deine Bilder nicht.» – «Deine neue Lederjacke sieht ja schrecklich aus.» Deutsche, wenn sie von etwas überzeugt sind, bringen diese Botschaft oft früher oder später hinüber, meistens früher. Diese Direktheit wird in Deutschland meist als Tugend empfunden. Alles andere würden viele Deutsche als Selbstverleugnung empfinden, und sie würden sich Sorgen machen, ob sie nicht vielleicht ein Magengeschwür bekommen könnten angesichts so vieler nicht geäusserter und in sich hineingefressener Gefühle.

Beim Schreiben dieses Buches und bei den Gesprächen, die ich dazu führte, stellte ich fest, dass diese Art der Kommunikation in Deutschland selbst nicht so wahrgenommen wird. Man erkennt sich nicht wieder. Wer in Deutschland lebende Deutsche darauf anspricht, kann auf komplettes Unverständnis, wenn nicht sogar auf lebhafte Entrüstung stossen. Die deutsche Selbstwahrnehmung ist eine andere, wohlgemerkt auch bei Weitgereisten, denen man nicht den Vorwurf machen kann, keine anderen Sitten und Gebräuche zu kennen. Nicht viel anders verhält es sich bei deutschen Gesprächspartnern, die immer wieder in der Schweiz sind, nicht nur in den Ferien. Bei denjenigen Deutschen aber, die sich schon länger in der Schweiz niedergelassen haben, finde ich stets Bestätigung, für sie ist das alles sonnenklar, viele Verhaltensweisen werden als typisch deutsch wahrgenommen.

Offenbar ändert sich der Blickwinkel erst nach längerem Aufenthalt im Gastland. Erst wenn man gezwungen ist, sich mit der neuen Umgebung wirklich auseinanderzusetzen, mit allem, was an Alltäglichem dazugehört, scheint sich die innere Kompassnadel neu einzupendeln. Mit zunehmendem zeitlichem Abstand zum Heimatland wird die innere Distanz grösser. Das vormals Vertraute ist auf einmal nicht mehr selbstverständlich, wird in Frage gestellt. Ein neues Koordinatensystem tritt in Kraft.

Die erwähnte Art der Auseinandersetzung ist zwar unschweizerisch, hat aber viel Gutes für sich. Das sagen viele Schweizer, die schon länger in Deutschland leben und Zeit hatten, sich daran zu gewöhnen. Wer die schweizerische Angst vor Konflikten erst einmal abgelegt hat, empfindet die Deutschen als wohltuend ehrlicher und unverklemmter als die Schweizer und schätzt die deutsche Direktheit, ohne grosse Umschweife zur Sache zu kommen.

Was in der Schweiz schon beinahe an eine Kriegserklärung grenzt, ist in Deutschland üblicher Umgangston, geradlinig und schnörkellos. Viele Deutsche kommen nicht im Entferntesten auf die Idee, ihre Hingabe an Wahrheit und Ehrlichkeit könnte woanders als in Deutschland gelegentlich missverstanden werden. Bei einer Meinungsverschiedenheit wird dem Gegenüber die Wahrheit, oder was man dafür hält, unverblümt ins Gesicht gesagt, nichts als die Wahrheit. Vielleicht kommt das ja noch von Martin Luther: «Hier stehe ich, ich kann nicht anders.» Man sagt, was man denkt oder fühlt. Der Deutsche weiss zwar, dass er genauso wenig im Besitz der absoluten Wahrheit ist wie jeder andere auch, aber wenn er etwas um jeden Preis vermeiden möchte, dann ist es der mögliche Eindruck von Oberflächlichkeit, Unehrlichkeit oder gar Hinterhältigkeit, der entstehen könnte, wenn er vielleicht einmal nicht sagen würde, was er denkt.

Vor kurzem habe ich in einem Restaurant am Nebentisch mitgehört: Ein deutsches Ehepaar, auf der Durchreise zurück nach Deutschland, war in eine heftige Diskussion vertieft. Originalton, sie zu ihm: «Sag doch endlich, was du meinst, du musst Klartext reden, sonst bin ich gnadenlos.» Darin spiegelt sich etwas Deutsches. Eine innere Überzeugung muss irgendwann heraus, auch wenn das Risiko besteht, den anderen zu verletzen. Dieser hat ja Gegenrecht, Hauptsache, die Luft ist wieder rein.

In der Schweiz macht man das pure Gegenteil. Kommt ein Deutscher in die Schweiz, wird er den Eindruck nicht los, dass dort alle harmoniesüchtig sind. Wobei regionale Unterschiede eine grosse Rolle spielen. Im Wallis etwa geht man unverblümter auf den anderen los, am liebsten auf die «Üsserschwiizer», als etwa in der Stadt Bern, wo die geschliffene Courtoisie der alten Patrizierfamilien mit ihren teilweise umständlichen Höflichkeitsfloskeln auch heute noch auf alle Schichten abfärbt. In der Schweiz geht man dem offenen Konflikt möglichst immer aus dem Weg. Etwas ausdiskutieren ist gar keine Tugend, ganz im Gegenteil. Es gibt keine absolute Wahrheit oder Überzeugung, die es wert wäre, wozu auch? Das hat etwas Spielerisches. Das heisst aber nicht, dass es keine Meinungsverschiedenheiten gibt, die gibt es in Mengen, nur werden sie anders ausgetragen. Es wird diskutiert, aber sehr viel indirekter, was zwangsläufig dazu führt, dass man mehr hintenherum kommuniziert.

Man pflegt in der Schweiz eine Form der Kommunikation, die ich als die Kunst der indirekten Auseinandersetzung bezeichnen möchte.

Vieles läuft nonverbal ab, mit Gesten, Körpersprache, Mimik. Diese Art zu kommunizieren wird auch in den lateinischen Ländern praktiziert oder in Grossbritannien und in den USA. In allen diesen Ländern wird verklausuliert kommuniziert und, wenn nötig, gefochten. Wenn es einem Autofahrer in der Schweiz passiert, dass vor ihm ein Fussgänger bei Rot über den Fussgängerstreifen geht und ihm so den Weg abschneidet, ist es durchaus möglich, dass der Autofahrer, eindeutig im Recht, höflich stehen bleibt, den Fussgänger in Ruhe passieren lässt, langsam wieder anfährt und dabei seinen Blick fragend auf die immer noch eindeutig rote Fussgängerampel richtet. Der Fussgänger würde den Blick umgehend bemerken, seine Verkehrswidrigkeit realisieren und mit einem entschuldigenden Lächeln weitergehen. In Deutschland wäre die Chance gross, dass das Ganze nicht ohne entrüstetes Hupen abginge.

Wenn jemand in der Schweiz einmal völlig anderer Meinung sein sollte als der andere, wird er das sehr wohl zum Ausdruck bringen, aber immer so, dass der andere das Gesicht wahren kann. Alles andere würde der Schweizer als plump und unhöflich empfinden. Man will niemanden bewusst verletzen, weil man selbst auch nicht verletzt werden will. Diesen teutonischen Schlagabtausch ist man nicht gewohnt, es fehlt die Übung, man gibt sich weniger abgehärtet und abgebrüht. Die Deutschen haben oft den Eindruck, dass die Schweizer gegen aussen weich und verletzlich sind, weniger cool und nicht so selbstsicher. Ich glaube, das stimmt, man hat in der Schweiz tatsächlich ein weniger dickes Fell. Es bleibt allerdings die Frage, ob das ein Vor- oder ein Nachteil ist.

Natürlich gibt es auch in der Schweiz viele Situationen, in denen unverblümt Klartext geredet werden muss. Dann hat man aber vorher auf dem zwischenmenschlichen diplomatischen Parkett schon alles versucht und ist dem offenen Konflikt so lange wie möglich aus dem Weg gegangen. Ist man aber an diesem Punkt angekommen, dann wird auch in der Schweiz Klartext gesprochen. Es wird allgemein davon ausgegangen, dass der andere versteht, was gilt. Diesen Code muss man als helvetischer Novize aber erst einmal entziffern lernen.

Es wird einem kaum eine Schweizerin sagen: «Mir gefällt dein neues Kleid nicht.» Wenn sie es wirklich grauenhaft findet, wird sie es ignorieren und sagt lieber gar nichts, auf keinen Fall aber etwas Negatives. Totschweigen ist eine anerkannte Strategie. Das ist für den anderen dann als Signal stark genug. Das Thema ist erledigt. Trotzdem konnte man das Gesicht wahren, weil die Bekannte einen nicht mit ihrer Meinung konfrontiert hat. Unter Freunden, oder wenn man sich besser kennt, ist das aber nicht mehr so, da kann man sich gegenseitig schon deutlicher die Meinung sagen. Umgekehrt müsste ein Schweizer in Deutschland stärkere Signale aussenden, um verstanden zu werden. Er müsste sehr viel deutlicher und direkter als zu Hause formulieren, was er will oder nicht will.

Pünktlichkeit

Es stimmt, in der Schweiz wird allergrösster Wert auf Pünktlichkeit gelegt. Daran gibt es nichts zu rütteln. Während meines Medizinstudiums in Basel war ich oft bei meinem Grossonkel Alexander und seiner Frau, Tante Titi, zu Gast. Onkel Alexander stand für mich als eine Art Familiendenkmal auf einem hohen Sockel, eine wahre Respektsperson. Als ich ihn dann mit den Jahren besser kennen lernte, war er mir immer mehr in Freundschaft zugetan. Wir assen meistens ausgedehnt zu Mittag oder zu Abend, daran knüpften sich in der Regel gute Gespräche, teilweise auch heftige Diskussionen mit dem alten Herrn. Er war damals zwar schon über siebzig Jahre alt, blieb aber bis weit über neunzig geistig äusserst fit, mit ihm konnte man über alles reden, spannende Debatten entwickelten sich vor allem über politische Fragen.

Der sehr geschätzte Onkel war aber leider der allergrösste Pünktlichkeitsfanatiker, ein Zeitfetischist, pünktlicher als der schlimmste Schweizer. Ich wusste das natürlich und bemühte mich entsprechend, immer rechtzeitig da zu sein, aber stets vergeblich. Zum Mittagessen musste ich immer um halb eins erscheinen. Spätestens eine Minute vor halb stand ich dann jeweils vor der Haustür, die nahe Kirchenglocke im Basler Gellert-Quartier hatte noch nicht geläutet. Die war nämlich zuverlässig und gut hörbar. Der Beweis war somit erbracht, ich war sogar überpünktlich, noch vor dem sprichwörtlichen Glockenschlag. Langsam wieder ausatmen, sagte ich mir, du hast es diesmal geschafft, ich ahnte aber Böses. Ich hatte kaum den Finger von der Türklingel genommen, als auch schon die Tür aufgezogen wurde, als ob der Onkel heimlich dahinter gewartet hätte, und er begrüsste mich mit einem vorwurfsvollen Blick auf seine Armbanduhr: «Du bist aber spät heute.» Wahrscheinlich hat er das extra gemacht und innerlich gegrinst wie ein kleiner Junge, aber davon war ihm nichts anzumerken. Ich stand da wie ein begossener Pudel, es hatte alles nichts genützt. Noch später zu erscheinen als eine Minute vor der verabredeten Zeit wäre undenkbar gewesen, eine Katastrophe.

In Deutschland ist Pünktlichkeit ebenfalls eine äusserst wichtige Sache. Man nimmt eventuelle Unpünktlichkeiten allerdings weniger tragisch als in der Schweiz. Ich weiss von Deutschen, die sich über die rigide Pünktlichkeit der Schweizer beklagen. Ich habe das aber nie so erlebt. Wenn ich mich zu einer Verabredung sehr verspäte, rufe ich vorher an, entschuldige mich und teile mit, dass es soundso viel länger dauert. Das ist aber doch eigentlich selbstverständlich und gehört zu den guten Manieren, in Deutschland ebenso wie in der Schweiz.

Man sollte es aber auf keinen Fall übertreiben und wie ich damals bei meinem Onkel schon vor dem Glockenschlag gestiefelt und gespornt da sein. Zu früh ist nämlich nicht besser als zu spät, das ist dann das Gegenteil von Höflichkeit und eine Todsünde. Auch in der Schweiz müssen Hausfrau und Hausherr immer noch allerletzte Vorbereitungen treffen und werden es Ihnen danken, wenn sie noch ein paar Minuten länger haben, bis die ersten Gäste kommen. Wenn Sie sogar viel zu früh da sind, weil der Verkehr ausnahmsweise flüssig war oder aus sonst einem dummen Grund, ist das schrecklich für

Ihre Gastgeber. Machen Sie in diesem Fall etwas vollkommen Sinnloses, und schlagen Sie irgendwie die Zeit tot. Sie könnten sich zum Beispiel ausgiebig mit ihrem Ehepartner zanken, einen kleinen Spaziergang machen, oder kaufen Sie sich Zigaretten, tanken Sie Ihr Auto voll oder Ähnliches, aber lassen Sie sich auf keinen Fall da blicken, wo man sie eingeladen hat.

Als wir die Patentante meiner Frau und deren Mann, ältere Herrschaften, einmal zu uns zum Mittagessen eingeladen hatten, kamen beide eine geschlagene Stunde zu früh. Wie sie uns hinterher erzählten, hatten Sie für die Strecke zu uns viel zu viel Zeit eingeplant, weil es auf diesem Autobahnabschnitt normalerweise viele Baustellen und Staus gibt. Aber nicht diesmal. Wir hatten uns jahrelang nicht gesehen und wussten nicht, wie sehr die beiden sich in der Zwischenzeit verändert hatten. Nichts ahnend in der Küche bei den Vorbereitungen für ein gepflegtes Mittagessen, sahen wir plötzlich auf der Strasse vor unserem Haus langsam ein Auto einparken. Bitte, bitte, das sind jetzt aber nicht die, oder doch? – Doch. Langsam öffneten sich die Autotüren, und die beiden stiegen aus, nahmen Witterung auf und erkundeten erst einmal die neue Umgebung. Ausser dem Fenster lagen zwischen uns und ihnen nur noch ein kleines Stück Rasenfläche und ein paar durchsichtige Büsche, es war Winter. Meine Frau und ich sahen uns an. Wir waren spät aufgestanden, immerhin war Wochenende, und beide noch im Pyjama, ich unrasiert und ungewaschen, meine Frau voll bei der Arbeit, um uns herum kochte und brodelte es aus diversen Töpfen und Pfannen, zwischen Gemüseresten, Mehlspuren und Teigresten lag das Kochbuch aufgeschlagen auf dem Küchentisch. Plan A war gerade gescheitert. Plan B hiess Damage Control. Inzwischen hatten die zwei anscheinend ihren Irrtum bemerkt und umkreisten betont unauffällig die nähere Umgebung von Haus und Garten, immer so, als würden sie gerade wieder etwas Interessantes entdecken. Als wir uns in Rekordzeit rasiert, geduscht, gewaschen, um- und angezogen hatten, konnten wir die beiden dann entspannt über die Schwelle unseres trauten Heimes bitten, und alles wurde gut.

War das jetzt besonders schweizerisch? Ich weiss es nicht. Unpünktlichkeit kann jedenfalls nerven. Selbstverständlich hängt das alles auch vom sozialen Umfeld ab oder von der jeweiligen Lebensphase. Falls Sie einmal in einem besetzten Haus beim autonomen Block eine Stunde zu spät zu einem Abendessen erscheinen sollten, wird Ihnen das bestimmt weniger angekreidet werden, als wenn Sie bei kleinbürgerlichen Bekannten in einer Retortenvorortwohnung wenige Sekunden zu spät vor der Tür stehen. Aber Achtung, auch die Schweizer Alternativen können manchmal sehr pingelig sein.

Im Übrigen dürfte die Legende von der Pünktlichkeit als Überbleibsel der sogenannten Höflichkeit der Könige in Wirklichkeit eine ziemlich bürgerliche Erfindung sein. In früheren Zeiten hatte minutengenaue Pünktlichkeit, wie wir sie in unserer heutigen, postindustriellen Welt kennen, keine gesellschaftliche Bedeutung. Das dürfte auch bei den Aristokraten so gewesen sein. Mit der Aufklärung und dem Aufkommen des Bürgertums wurde das aber anders, und der selbstbewusste Citoyen und Bourgeois konnte seinen gleichberechtigten Kollegen nicht einfach warten lassen. Man war ja nun gleichgestellt. Ausserdem wurden die komplizierteren Produktionsprozesse der neuen Industriegesellschaft immer stärker verzahnt und viele Abläufe immer mehr voneinander abhängig. Genau gehende Uhren waren kein Luxus mehr, sondern wurden zu einer Notwendigkeit. Das protestantische Arbeitsethos, mit seiner calvinistischen Ausprägung in der Schweiz hoch entwickelt, führte dazu, dass Unpünktlichkeit dann zunehmend in Verruf kam und als bürgerliche Untugend geächtet wurde. Das haben auch die Katholiken längst übernommen, sozusagen als Leitkultur.

Nur zu wissen, es ist Platin …

Vor einiger Zeit im OP erlebt: Ein neuer Kollege, der Sprache nach eindeutig aus Deutschland, aber wie sich später herausstellt, wohl schon länger in der Schweiz arbeitend, kommt für einen Tag zu Besuch und assistiert bei einer Operation. Normalerweise wird bei uns jemand, auch wenn er nur für einen Tag zu Besuch ist, von anderen Kollegen kurz vorgestellt, oder er macht das selbst. Dies geschieht im Stil von «Ach übrigens, ich bin der und der», so nebenher, keine grosse Sache, aber es gehört zum guten Ton. Unser deutsches Exemplar denkt aber nicht daran, obwohl er klar erkennbar das einzige neue Gesicht in einem Operationssaal ist mit mindestens acht Personen, Ärzten, Pflegepersonen und Opspersonal. Alle anderen kennen sich von der täglichen Arbeit. Die Spannung steigt, was mag das wohl für einer sein? Wir müssen nicht lange warten. Er klinkt sich ohne Umschweife ein, wird gesprächig, fängt an zu erzählen, vor allem über sich selbst. Er sei Handchirurg, dann präsentiert er sich als «Spezialist für Handchirurgie und Tumorchirurgie, speziell bei Kindern». Alle zucken leicht zusammen, dann folgt viel sagendes Geschmunzel. Was haben wir doch heute für ein Glück, wir dürfen uns mit einer derartigen Koryphäe im gleichen Raum aufhalten. Spezialist, was soll das heissen? Wir sind alle Fachärzte und Spezialisten für irgendetwas. Unser Handspezialist ist im Handumdrehen als übler Angeber entlarvt.

In der Schweiz ist man es von vielen Deutschen so gewohnt und findet, dieses Gehabe gehöre bei den Deutschen schon fast zur geistigen Grundausstattung. Es gibt sogar Schweizer, die dann neidisch werden und der Meinung sind, genau diese Haltung fehle in der Schweiz, dieses selbstbewusste Auftreten müsse man sich hierzulande auch endlich antrainieren. Allerdings frage ich mich, was hat das mit Selbstbewusstsein zu tun? Gerade der Selbstbewusste muss sich doch am allerwenigsten aufplustern. Nein, normal und bescheidener wäre es gewesen, den Namen zu nennen und zu sagen: «Ich bin heute zu Besuch, bin Handchirurg und operiere vor allem Tumore bei Kindern.» Völlig ausreichend, alle wissen nun Bescheid, dass da einer ist, der sein Handwerk versteht und es nicht weiter nötig hat zu prahlen.

In Deutschland macht man aus wenig gerne etwas mehr, in der Schweiz lieber aus viel etwas weniger. Wer in Deutschland, sagen wir am Wochenende, kurzfristig ein paar Leute zu sich nach Hause eingeladen hat, findet nichts dabei, bei Aldi oder Tchibo noch auf die Schnelle ein paar schöne Untersetzer oder Blumentöpfe zu kaufen, die gut aussehen und viel hermachen. Auch in gutbürgerlichen Kreisen, ohne schlechtes Gewissen. Für die Dekoration der eigenen vier Wände, des Balkons, des Gartens. Äusserst billig, aber sie sehen gut aus. Es fällt auch niemandem auf, und falls doch, würde es niemanden stören. In der Schweiz wäre das verpönt. Auch wenn etwas nicht billig aussieht und das niemand bemerkt, so darf es doch nicht billig sein. Es muss durch und durch echt sein. Und teuer. Am besten, es ist teuer, und man sieht es nicht. Vielleicht ist Platin deshalb in der Schweiz so beliebt. Es sieht fast aus wie Stahl oder Silber, aber eben, es ist Platin, gemäss der alten Werbung: «Nur zu wissen, es ist Platin …» Es gibt aber auch die Variante: «Habe ich günstig im Ausverkauf gekauft.» Dann ist es aber zumindest eine gute Marke.

Ein ganz anderes Beispiel, nehmen wir einmal Frauen und ihre Kleidung. Es gibt in Deutschland viele Frauen, alte und junge, lässig und chic, aber nicht teuer angezogen. Es zeugt von Stil und einer gewissen Klasse, sein weibliches Äusseres mit einfachen Mitteln zu verbessern. Das hat mit Aufdonnern oder Bluffen gar nichts zu tun. Derlei würde auch in Deutschland unangenehm auffallen, und diejenigen, die das wirklich nötig haben, würden milde belächelt werden. Die Kunst, aus wenig viel zu machen, ist in Deutschland (und in anderen Ländern) nicht nur weit verbreitet und gerne gesehen, sie gilt sogar als Tugend. Wer da nicht mitmacht, riskiert unter Umständen den Ruf eines Mauerblümchens, zumindest auf den ersten Blick, aber der erste Eindruck kann ja manchmal entscheidend sein.

Umgekehrt in der Schweiz. Auch eine gut aussehende Frau, ja sogar das bestaussehende Model mit Traummassen, wird eher dazu neigen, nicht zu bluffen, was aber in der Schweiz eine andere Bedeutung als in Deutschland hat. Das mit den Kleidern hatten wir schon in anderem Zusammenhang. Designermarken sind dabei nicht entscheidend, aber das Zauberwort heisst Qualität, das Kleidungsstück muss gut sein, mit Betonung auf dem Sein, das Aussehen auf den ersten Blick ist weniger wichtig, auf den zweiten Blick dafür umso mehr.

Da kann frau eben nicht einfach ein kleines Schwarzes kaufen, nachdem sie sich nach der Einladung wochenlang den Kopf darüber zerbrochen hat, ob sie denn nun in langer Garderobe kommen sollte oder vielleicht doch angemessener in halb langer. Auch wenn die Wahl dann am Ende auf ein geschneidertes Stück Stoff fällt, das sogar aus tausend Prozent Polyester sein kann, so muss es doch exklusiv und teuer sein, aber gleichzeitig so schlicht wie nur möglich erscheinen. Am Abend des Balls, des Apéros oder der Party ist dann der Moment der Wahrheit gekommen. Am für uns Männer unsichtbaren Defilee unserer Frauen wird die Garderobe der anderen anwesenden Damen mit weiblicher Grausamkeit skrupellos unter die Lupe genommen. Das Resultat der schonungslosen Kleiderkritik bekommen wir dann spätestens bei der Heimfahrt serviert, post festum. Ein möglicher Kommentar wäre dann: «Was haben die deutschen Frauen doch wieder geblufft in ihren aufgedonnerten Abendkleidern. Es sieht auf den ersten Blick zwar nach viel aus, ist aber eben keine gute Qualität, nichts Besonderes halt, billig und dann immer so bunt.»

Und bei den Männern? Der versteckte Reiz eines leicht ausgebeulten Anzugs wird in der Schweiz wohl kaum je gewürdigt werden. Das blosse Auge sieht dabei nur die leicht abgetragene und etwas zu weite Anzugsjacke mit den dazugehörigen Hosen. Der geschulte Blick hingegen vermag die deutlich zur Schau getragene Nonchalance mühelos zu erkennen. Seht her, ich bin schon wer, ich muss das nicht auch noch zeigen. Mit Bescheidenheit hat das aber nichts zu tun, denn selbstbewusster kann man kaum noch auftreten. In der Schweiz sind es eher taillierte, etwas enger anliegende Herrenanzüge, Italien ist ja auch geografisch nicht mehr weit, man meint, den italienischen Einfluss auf die Garderobe schon deutlich zu spüren.

In Deutschland ist es in Ordnung, wenn man zeigt, was man hat, wenn man also zum Beispiel stolz ist auf seinen Job, seinen Lohn, sein Auto, Haus usw. Man hat etwas erreicht, und man kann sich etwas leisten. Das hat nichts mit Prahlerei zu tun, auch wenn es in der Schweiz meistens so empfunden wird. Prahlen und Protzen ist in Deutschland keine Tugend. Es ist einfach normal, dass man gewisse Sachen nicht versteckt. Gross zu denken und viel zu wollen, ist in Deutschland legitim. Oder sind Sie einer dieser deutschen Blender? Sie haben sich für einen Job in der Schweiz beworben, und in ihrem Lebenslauf stehen ein paar Fähigkeiten, die im Anforderungsprofil des Stelleninserates ausdrücklich erwähnt wurden, von denen Sie aber keine blasse Ahnung haben? Sie denken, komme ich damit erst einmal in die engere Auswahl, kann ich den Chef sicher davon überzeugen, dass ich der Richtige bin? Das könnte gründlich ins Auge gehen, sollten Sie es nämlich bis zum Vorstellungsgespräch schaffen, wird man Ihnen gründlich auf den Zahn fühlen und realisieren, dass Sie geschummelt haben. Womit Ihr vorzeitiger Abgang besiegelt wäre.

Understatement und die Kunst des Tiefstapelns

Deutsche werden in der Schweiz nur schon durch ihr Auftreten immer als sehr selbstbewusst wahrgenommen, auch wenn sie es gar nicht sind. Wollen Sie aber in der Schweiz wirklich dazugehören, dann fangen Sie an tiefzustapeln. Das fällt Deutschen in der Regel schwer, in Deutschland hat man nämlich keinen Begriff davon, was echte Untertreibung bedeutet. Haben Sie wirklich gedacht, England sei das Mutterland aller Untertreiber? Vergessen Sie England, kommen Sie mit in die Schweiz, und begeben Sie sich ins Mutterland des Understatements. Die britischen Untertreibungskünste sind sicher auch nicht ganz zu verachten, aber die Schweiz kann es locker mit ihnen aufnehmen. Natürlich lassen sich unter dem Deckmantel der Bescheidenheit auch die eigenen Ambitionen geschickter verstecken, man macht sich weniger angreifbar.

Zeigen Sie also bitte nie offen, was Sie an irdischen Besitztümern Ihr Eigen nennen, sagen Sie nie, was Sie können oder was Sie meinen zu können. Sonst sind Sie ein Angeber, in der Schweiz Bluffer genannt. Es braucht äusserst wenig, um in den zweifelhaften Ruf des Bluffers zu geraten. Es braucht aber lange, um sich wieder davon zu befreien. Passen Sie also auf, in welche Fettnäpfchen Sie treten. Kommen Sie dann noch aus Deutschland, hält man Sie zusätzlich für einen grossmäuligen Aufschneider. Hier eine grobe Rangliste für den Anfang. Auf der Hitliste der Understatementsüchtigen ist Basel ganz sicher unangefochtener Spitzenreiter, dicht gefolgt von Bern, die meisten anderen Kantone rangieren irgendwo in der Mittelklasse, die Zürcher eher weiter hinten. Ihnen wird ja vielfach Grosspurigkeit unterstellt. Die calvinistischen Genfer, nur die echten, alteingesessenen, versteht sich, nicht die zugezogenen, sind ebenfalls absolute Spitzenklasse, Tiefstapler von Weltformat. Sie dürfen aber leider nicht hier besprochen werden, da sie in die welsche Schweiz gehören. Die hoch entwickelte Kunst der Untertreibung kennt natürlich zahllose Abstufungen und Zwischentöne, aber wir wollen uns ja nicht jetzt schon vom Prinzip der Pauschalurteile verabschieden.

Wenn Sie sich wirklich ernsthaft mit dem Thema auseinandersetzen möchten, reicht es aber nicht, einfach ein paar schnell gelernte Floskeln beim nächsten Smalltalk im Büro oder auf der Party am Wochenende einfliessen zu lassen. Nein, wo kämen wir da hin, das echte Understatement wird Ihnen einiges abverlangen. Als Einstieg könnten Sie vielleicht eine längere Englandreise ins Auge fassen, mindestens mehrere Wochen, Monate wären aber noch besser, Tiefstapeln für Anfänger. Übung macht den Meister, Gelegenheiten gibt es zahlreiche. Tiefstapeln ist ein Volkssport in der Schweiz. Niemand spricht je darüber, und wenn Sie das als Schweizer lesen, werden Sie denken, das das nicht stimmt. Sie selbst merken es aber nur nicht, der klassische blinde Fleck eben. Obwohl es niemand je zugeben würde, möchte jeder besser sein als der andere, was übersetzt heisst schlechter. Das gehört zum kollektiven Unbewussten in der Schweiz und läuft vollautomatisch ab. C. G. Jung, der berühmte Tiefenpsychologe, war ein Schweizer.

Orangefarbene Papiertaschen von Hermès

Vielleicht sollte ich an dieser Stelle ganz kurz etwas zum Thema Geld sagen. Über Geld zu sprechen, ist nicht mehr ganz so verboten wie früher, das hat sich in den letzten Jahrzehnten stark geändert. Heute sprechen alle über Geld. Löhne hingegen sind auch heute noch tabu. Kein Schweizer wird jemals sagen, was er verdient, man erwartet das auch von anderen nicht. In den USA ist es umgekehrt, niemand stört sich daran, wenn offen über den eigenen Lohn gesprochen wird. Was Preise anbelangt, kann darüber geredet werden, aber es kommt darauf an. Wer etwa sagt: «Unser neues 12-Zimmer-Chalet in St. Moritz hat soundso viel gekostet», dann wird man ihm das zeitlebens anhängen. Es kann natürlich auch etwas anderes sein als ein Haus. «Mein kleiner Chagall» oder «meine neue IWC-Uhr» ist mindestens genauso schlimm. Alles, was zeigen soll, wie bedeutend oder wie toll man ist, ist völlig daneben. Der Trick ist, nicht imponieren zu wollen. Jedenfalls nicht auf so primitive Weise, dass man es merkt.

Die Kunst des Renommierens ist ein wichtiges Thema, mit dem man sich gründlich befassen sollte, und hat viel mit Understatement zu tun. Das eine ist im Grunde nichts anderes als die Kehrseite des anderen. Wenn man zum Beispiel eine amüsante Geschichte zu erzählen hat (sie muss aber wirklich amüsant sein), etwa wie in die Ferienwohnung in Zermatt eingebrochen wurde – «Meine B&O-

Stereoanlage mit diesen sagenhaften Lautsprecherboxen ist mir gestohlen worden, wie furchtbar. Und dann die fünfreihige Perlenkette, unersetzlich …» – so ist zu beachten: Die Namen von Luxusgegenständen dürfen ruhig erwähnt werden, aber niemals der Preis, schon gar nicht derjenige von Schmuck. Mit einer solchen Geschichte erweckt man den Eindruck, dass es nur um die Geschichte geht, die Tatsache, dass man ganz zufällig eine sündhaft teure Wohnung in Zermatt besitzt und eine begehrenswerte und teure Stereoanlage usw., ergibt sich lediglich ganz zwanglos aus dem Zusammenhang.

Wie schon erwähnt, haben es die Basler faustdick hinter den Ohren. Sollte es jemals interstellare Wettkämpfe im Tiefstapeln geben, sie wären Seriensieger. Falls Ihnen in Basel ein leicht gebeugter Mann im Clochard-Look auf der Strasse begegnen sollte, schlecht rasiert, abgetragener Trenchcoat, ausgebeulte Hosen, Schuhe ausgetreten und kaum noch Absätze, dann können Sie sicher sein, dass Sie einen Milliardär vor sich haben. Zweite Möglichkeit: Einen Universitätsprofessor, mit hoher Wahrscheinlichkeit jedenfalls, bei denen muss man ebenfalls auf einiges gefasst sein. Ein echter Clochard kann es unmöglich sein, die laufen heutzutage in Jogginganzügen aus Polyester herum. Falls es sich nur um einen gewöhnlichen Multimillionär handeln sollte, wird er nicht ganz so abgerissen aussehen. Die niedrigeren Einkommensklassen achten schon mehr auf ihr Äusseres.

Der Basler Milliardär läuft aber nicht nur so herum. Bei ihm zu Hause sieht es zwar schon viel besser aus. Falls es je zu einer Einladung kommen sollte. Er verfügt über eine herrliche und herrschaftliche Wohnung, beste und allerteuerste Altstadtgegend, in einem Haus aus dem 13. Jahrhundert, nahe vom Münster, mit einem unglaublichen Blick über den Rhein auf die Vogesen.

Aber das ist ja noch lange nicht alles, was er sich wirklich leisten könnte. Der Basler Milliardär ist der Prototyp, aber dieselbe Grundhaltung findet sich quer durch alle Bevölkerungsschichten. Das Pendant in Bern, die Junkerngasse, nahe beim Berner Münster gelegen, gibt sich nach aussen äusserst bescheiden, die grauen Sandsteinfassaden wirken fast abweisend in ihrer protestantischen Strenge. Gelangt man aber nach innen, ist man überwältigt von der Grosszügigkeit der Räume, den kostbaren Innenausstattungen und dem prachtvollen Blick auf die Aare und das Umland. In Bern hat sich auch folgende Anekdote abgespielt, die die Schweizer Fotografin Play Hunter erzählt: «Ein Freund von mir wollte seiner Freundin einen Foulard von Hermès kaufen. Da er mit dem orangefarbenen Papiertäschli aber sofort aufgefallen und der Überraschungseffekt hin gewesen wäre, fragte er beim Personal, ob sie nicht etwas Neutrales für drüber hätten. Die Verkaufsberaterin führte ihn in ein Hinterzimmer, das prall gefüllt mit Gebrauchttaschen von Grossverteilern war. ‹Wissen Sie›, erklärte die Dame leicht resigniert, ‹die Berner Filiale ist weltweit die einzige, wo die Nachfrage nach Fremdtaschen grösser ist als nach unseren.›» In Deutschland fällt mir dazu die Hansestadt Hamburg ein, eine alte Kaufmannsstadt, sehr reich, aber man zeigt nur ungern, was man hat. Auch an anderen Orten gibt es dort Familien mit altem Geld, denen man ihren Reichtum nicht ohne weiteres ansieht.

Understatement hat nicht nur mit Äusserlichkeiten zu tun, da fängt es nur an. Nein, wir müssen uns jetzt langsam, aber sicher an das Innenleben der Tiefstapler herantasten. Konstruieren wir ein kleines Beispiel. Zugegeben, etwas gewagt, die folgende Geschichte, frei erfunden, aber sie könnte sich so oder so ähnlich zugetragen haben, und sie dient ja schliesslich nur zur Verdeutlichung. Nehmen wir einmal an, Sie sind bis vor kurzem ein fleissiger Student an der Uni Basel gewesen und Fahrradfahrer, etwas alternativ womöglich. Sie sind problemlos ohne Auto zurechtgekommen. Es gibt ja den öffentlichen Verkehr, wer braucht denn schon ein Auto an der Uni? Nun hat es das Schicksal plötzlich gut gemeint, und Sie sind nach bestandenem Staatsexamen unversehens in einem guten Job gelandet, zum ersten Mal verdienen Sie richtig viel Geld. Sie konnten nicht widerstehen, und nun steht dieser sündhaft teure Zweisitzer bei Ihnen vor der Haustür. Ein Traum auf vier Rädern. Und Sie haben ein grosses Problem.

Wie bringen Sie das jetzt Ihren alten Freunden bei, die kannten Sie bisher nur als Fahrradfahrer mit Wollmütze und negativem CO_2-Ausstoss. Wie erklären, dass Sie kein Umfaller, Heuchler, Klassenfeind oder heimtückischer Verräter sind? Das geht nur mit Understatement. Sie dürfen dabei aber zu keinem Zeitpunkt defensiv wirken. Fangen Sie damit an, dass sie als langjähriger Fahrradfahrer auf keinen Fall ein Auto kaufen wollten, ein teures schon gar nicht. Und dann die unselige Klimaerwärmung. Werden Sie apokalyptisch. Erwähnen Sie ruhig die Sache mit den sterbenden Eisbären auf schmelzenden Eisschollen, furchtbar. Flechten Sie ein, dass Ihnen letztes Jahr schon dreimal Ihr Designervelo geklaut worden ist, das unzerstörbare Schloss einfach durchgeknipst.

Nun eine Pause, lassen Sie das wirken, damit alle ihr tiefes Mitgefühl bekunden können. Und jetzt weiter im Text. Aus reinem Zufall sind Sie dann letzte Woche an dieser Autogarage vorbeigekommen, wie immer natürlich auf dem Fahrrad. Und da stand nun dieser verstaubte, unansehnliche Gebrauchtwagen einer bekannten italienischen Marke. Sie müssen spätestens an diesem Punkt einfliessen lassen, dass Ihnen dieser hässliche Blechhaufen nie im Traum gefallen hätte, aber erstaunlich günstig, fast schon billig sei er gewesen. Ausserdem, mit dem neuen Job sei der Arbeitsweg jetzt halt schon sehr viel länger und gefährlicher geworden, rutschige Tramschienen, lebensgefährliche Kreisel usw. Entscheidend ist, Sie haben diese miese Schrottkarre nicht wirklich selbst gekauft, sie ist Ihnen aufgedrängt worden. Sie sind das Opfer, nicht der Täter. Am Schluss sollten Sie noch erwähnen, vielleicht gewöhnten Sie sich noch an das rostige Teil, aber schliesslich ginge es um einen Gebrauchsgegenstand, nichts weiter. Vor allem keine Emotionen.

So weit, so gut, die Geschichte ist weit hergeholt, zugegeben, aber sie kann eine leichte Ahnung von echtem schweizerischem Understatement vermitteln. Wenn Sie diese oder eine ganz andere Geschichte gut rübergebracht haben, spielen die anderen das üble Spiel mit, Sie haben gewonnen. Begehen Sie aber nicht den Fehler, zu denken, dass Ihnen auch nur einer ein Sterbenswörtchen geglaubt hat. Es kommt allein auf die Qualität der Geschichte an und damit auf die richtige Balance. Haben Sie tief genug gestapelt, aber doch noch einen kleinen Rest an Glaubwürdigkeit übrig gelassen, an dem man sich als Zuhörer festhalten kann? Wenn ja, haben Sie Ihr Gesicht gewahrt, und es geht in die nächste Runde. Schliesslich sind Sie von Weltklassetiefstaplern umgeben, und alle warten nur darauf, es Ihnen mit einer besseren Geschichte eines Tages heimzuzahlen. Falls der Versuch misslingt, wird man innerlich müde gähnen über diesen furchtbaren Langweiler, der weder richtig angeben noch richtig untertreiben kann. Im schlimmsten Fall wird man Sie sogar trösten. Dann war die Geschichte allerdings ein grausamer Heuler.

Die hohe Schule

Beim wahren Tiefstapeln gibt es bestimmte Ausdrücke, die man sich merken sollte, für alle Fälle. Als Prototyp rangiert «nur ein bisschen» ganz hoch oben. Vielleicht ist man bei einem Unfall im Hochgebirge in eine Gletscherspalte gefallen, alle anderen Mitglieder der Seilschaft sind abgestürzt und verschollen. Sie als Einziger hängen noch am Seil, seit drei Tagen bei minus 30 Grad, alle Extremitäten gefühllos oder lange abgestorben, das baldige Ende naht in Form des Kältetodes. Und mitten im Delirium taucht unverhofft oben ein lächelnder Helfer auf, der wissen möchte, ob Ihnen nicht kalt ist. Reissen Sie sich zusammen und antworten Sie auf die Frage: «Nur ein bisschen.»

Umgekehrt sollte man sich auf keinen Fall beeindrucken lassen, wenn jemand zu dick aufträgt. Die passende Redewendung hierfür heisst «nicht schlecht» und ist grundsätzlich für alle Situationen geeignet. Mit der Zeit kennt man das Prinzip besser, man kann dann selbst variieren und es vielleicht sogar bis zur Meisterschaft bringen. Aber Vorsicht, man kann ganz verschiedene Dinge mit «nicht schlecht» ausdrücken. Einerseits kann es vernichtende Abstrafung bedeuten, auf der anderen Seite aber auch allerhöchste Anerkennung, es kommt entscheidend auf die jeweilige Situation an. Die hohe Schule eben.

Wir konstruieren wieder ein Beispiel. Einmal angenommen, man kriegt es mit einer dieser Supermoms zu tun, die wichtigtuerisch von den Glanztaten ihres dreijährigen Erstgeborenen berichten, der nach Verlassen der Gebärmutter schon den halben Brockhaus auswendig konnte und der seinen Wissensdurst nach Schoppen und Bäuerchen jeweils mit der Relativitätstheorie stillt. Am besten nichts anmerken lassen, leicht indigniert nicken und ein gemurmeltes «Ja, ja, nicht schlecht» fallen lassen. Damit hat man seiner Pflicht Genüge getan, ist einigermassen höflich geblieben und hat der Supermutter den Tag gründlich vermiest, also ein voller Erfolg. Gegenbeispiel. Der allerbeste Freund erzählt von seiner neuesten Errungenschaft, hinreissende Erscheinung, witzig, stilvoll und wie gut er sich mit ihr verstehen würde, mit anderen Worten, die Gelegenheit seines Lebens. Auch hier gilt: gelassen bleiben und das empathischste Lächeln lächeln. «Nicht schlecht.» Das ist Anerkennung und Lob durch die allerhöchste Instanz, durch nichts zu übertreffen. Immerhin ist er der beste Freund. Ihm wurde soeben mitgeteilt, dass man ihm eine derartige Masse Glück schon immer gegönnt hat und ihm von nun an nur das Allerbeste für den Rest seiner Tage wünscht.

Ganz beachtlich für zwei kleine Wörter, nicht wahr? Eigentlich sind es sogar nur zwei Silben, aber mit dieser Phrase ist man nicht nur in der Schweiz gewappnet gegen alle Ärgernisse, die von aufgeblasenen und wichtigtuerischen Zeitgenossen ausgehen und einem die gute Stimmung verderben könnten. Mit «nicht schlecht» kann man seinen Widersachern die Luft rauslassen, und nur darauf kommt es schliesslich an. Noch in einem anderen Zusammenhang kann der wahre Wert der beiden Wörter nicht hoch genug eingeschätzt werden. Wer soeben nur knapp einer Katastrophe entronnen ist, weil sich neben ihm ein abgestürzter Jumbojet zwanzig Meter tief in den Asphalt gebohrt hat, der sollte nicht gleich die Fassung verlieren. Nach Eintreffen der ersten Rettungsteams könnte man auf die Frage, wie es denn so gehe, mit «nicht schlecht» antworten. Während man lässig mit der Hand über die Reste der versengten Frisur streicht, spürt man die Nonchalance und abgrundtiefe Gleichgültigkeit einer Menschheit gegenüber, die einen noch nie wirklich beeindrucken konnte, man ist ein wahrer Held.

Lieben Sie Sport, und halten Sie sich für überdurchschnittlich sportlich begabt? Sie sind ziemlich gut, aber kein Profi, schliesslich haben Sie ja noch einen anspruchsvollen Beruf, mit dem Sie Geld verdienen müssen. Und nun sind Sie schon einige Zeit in der Schweiz und suchen einen gleichwertigen Tennispartner oder jemanden, mit dem Sie am Wochenende in den Bergen Mountainbike fahren könnten? Um die Lage abzuklären, kommen Sie nicht darum herum, sich in Ihrem neuen Bekannten- oder Freundeskreis nach Gleichgesinnten zu erkundigen. Fragen Sie einmal einen Bekannten, ob er gerne Sport mache und ob er diese oder jene Sportart gut beherrsche. Nein, sportlich sei er wirklich nicht besonders, wird er sagen. Er mache schon ab und zu dieses oder jenes, aber nicht wirklich gut, vielleicht hin und wieder ein bisschen biken in den Bergen. Aber bitte, das sei ja nun wirklich gar nichts Besonderes, was solle man denn in der Schweiz sonst auch machen bei so vielen Bergen? Also gut, nächstes Wochenende könne man ja zusammen ein paar Kilometer zusammen abspulen. Aber wie gesagt, er sei ein miserabler Velofahrer.

Sehr wahrscheinlich haben Sie gerade mit dem amtierenden Schweizer Meister im Downhill Cross gesprochen. Und wenn nicht mit ihm, so könnte es auch nur ein armseliger Teilnehmer der nächsten Olympischen Spiele sein. Sagen Sie also ruhig zu, aber gehen Sie vorher noch ins Fitnessstudio. Wegen des Muskelkaters. Gut wäre auch eine kardiologische Abklärung. Und machen Sie sich vor allem keine Illusionen. Auf der steilen Strecke werden Sie das Velo mit Ihrem Bekannten darauf nämlich ausschliesslich von hinten sehen, ausser er bleibt gelegentlich stehen, um sich höflich nach Ihrem Befinden zu erkundigen. Falls wirklich einer dieser seltenen Momente kommen sollte, müssen Sie Charakter zeigen. Auch wenn Sie Sterne sehen, direkt vor dem Kollaps sind und Sie die Hoffnung, je wieder lebendig herunterzukommen, schon aufgegeben haben, es geht um Höheres. Versuchen Sie entspannt auszuatmen, und erkundigen Sie sich bei Ihrem Freund nach einer wirklich schwierigen Strecke. Das hier sei ganz nett, aber keine echte Herausforderung. Bevor Sie ohnmächtig werden, könnten Sie noch erwähnen, dass Sie kein Freund von langen Pausen sind.

Das helvetische Mittelmass

Der Basler Millionär, der nicht zeigen möchte, wie reich er wirklich ist, steht nicht nur in der alten Tradition der strengen protestantischen Reformatoren Zwingli und Calvin. Man darf nicht zeigen, was man hat, sein Leben lang muss man fleissig sein, bescheiden bleiben, darf auf keinen Fall Luxus haben, zumindest nicht gegen aussen. Nein, er steht auch in einer ganz anderen, noch viel älteren und mächtigen schweizerischen Tradition, nämlich der des helvetischen Mittelmasses.

Wie ist das zu verstehen? Seit dem Mittelalter ist die Schweiz in ihrem Kern eine Gemeinschaft gleichberechtigter und gleichwertiger Bürger, die sich in einem souveränen Akt zusammengeschlossen haben. Das Volk ist der Souverän, und das wohlgemerkt Jahrhunderte vor den Enzyklopädisten in Frankreich und bevor die Ideen der Aufklärung in Europa Fuss fassen konnten. Wie der Journalist Felix E. Müller dazu bemerkt, gibt es diesen in der Schweizer Geschichte gut dokumentierten Reflex, allzu dominante Figuren zurückzustufen. Und zwar auf etwas, was man als helvetisches Mittelmass bezeichnen könnte. Machtausgleich und Machtverzicht waren immer schon Voraussetzung, um Freiheit und Sicherheit für alle garantieren zu können, und werden in der Schweiz bis heute sensibel ins Gleichgewicht gebracht. Mittelmass ist ein zu Unrecht negativ besetzter Begriff. Das Schweizer Mittelmass verkörpert das Fundament, auf dem das helvetische Staatsgebilde ruht.

Ohne die jeweilige Korrektur hin zur Richtschnur des mittleren Masses wäre die Schweiz längst zerfallen. Je mächtiger in der Schweiz jemand ist, ganz gleich, ob als Politiker, Unternehmer oder Privatmann, je besser jemand etwas kann, ob als Künstler, Sportler oder Wissenschaftler, desto bescheidener sollte er auftreten, desto stärker sich um den Ausgleich mit den anderen bemühen.

Eine unbekannte Art von Grössenwahn

Tiefstapeln und Understatement sind das eine, jetzt geht es um mehr, nämlich um das, was man ist, also um nichts weniger als die eigene Identität. Ich habe die Schweizer im Verdacht, unter einer bisher unbekannten Art von Grössenwahn zu leiden. Wohl eher eine leichte Form, es besteht noch Grund zur Hoffnung. Wobei leiden bei näherer Betrachtung eigentlich die falsche Bezeichnung für diesen Geisteszustand ist, denn es leidet ja niemand. Es gibt ernst zu nehmende Anzeichen für ein Syndrom, das bisher noch nicht beschrieben wurde. Sie werden sich vermutlich fragen, ob ich nicht selbst von allen guten Geistern verlassen bin, die Schweiz, dieses nüchterne Land im Grössenwahn? Was könnte weiter von der Wahrheit entfernt sein.

Es hat nichts mit schweizerischer Nüchternheit und Pragmatismus zu tun. Es geht um etwas ganz anderes. In der Schweiz liebt man es ganz einfach, sich kleiner zu machen, das Phänomen betrifft alle, vom unbedeutenden Securitas-Angestellten bis zum hohen Politiker, Manager, Bankdirektor. Man möchte gern klein sein, und zwar kleiner, als man eigentlich ist. Ich glaube, es ist eine insgeheime Leidenschaft vieler Schweizer, unterschätzt zu werden. Was kann es aber auch Schöneres geben, als zunächst für jemand gehalten zu werden, der nichts Besonderes darstellt, um dann auf den zweiten Blick umso grösser auftrumpfen zu können? Das allerhöchste der Gefühle. Gleichzeitig redet man sich ein und leidet als Schweizer unausgesprochen darunter, dass die Schweiz als Ganzes nicht ernst genommen wird auf dieser Welt. Man meint das wirklich, es stimmt aber gar nicht. Möchte die Schweiz insgeheim eine grosse Nation sein? Wenn im Zusammenhang mit diesem Land von einem Minderwertigkeitskomplex die Rede sein kann, dann ist es am ehesten dieses Gefühl, in der Welt der Grossen nicht mitspielen zu dürfen, am Katzentisch sitzen zu müssen. Man soll den Erwachsenen nicht dreinreden, man fühlt sich chronisch unterschätzt, weil man nicht als Weltmacht gilt. Das ständige Gefühl, eigentlich grösser und mächtiger zu sein, als man von aussen wahrgenommen wird, hat mit der Wirklichkeit nicht viel zu tun. Aber was hat die Realität schon mit der eigenen Wahrnehmung zu tun?

Ein neutraler Beobachter, der allerdings ausnahmsweise nicht aus der Schweiz kommen dürfte, könnte jederzeit und ohne einen Funken Übertreibung feststellen, dass die Schweiz gegen aussen im Verhältnis zu ihrer Grösse überproportional, ja sogar über die Massen wahrgenommen und respektiert wird. In einer Zeitschrift habe ich gelesen, dass die Schweiz zwar kaum ein halbes Prozent der Fläche Europas bedeckt, aber ihre Flora umfasst über 20 Prozent aller zwischen Atlantik und Ural, Mittel- und Eismeer vorkommenden Pflanzenarten. Eine passende Metapher. Welches Land auf der Welt hat schon pro Anzahl Einwohner oder pro Quadratmeter Landesfläche mehr davon? Ebenso ist es mit Einkommen und Vermögen, mit der Anzahl multinationaler Konzerne, die von der Schweiz aus operieren, mit Nobelpreisträgern und Forschern, mit berühmten Architekten und Künstlern. Dazu befindet sich in der Schweiz noch der Sitz der UNO, des Internationalen Komitees vom Roten Kreuz IKRK, der Weltgesundheitsorganisation WHO, der Welthandelsorganisation WTO, man könnte die Reihe noch lange weiterführen. Die Schweiz ist einer der stärksten Finanzplätze weltweit, sie gehört zu den stabilsten und wohlhabendsten Ländern der Welt. Berechnet nach dem Bruttoinlandsprodukt, liegt die Schweiz weltweit an 19. Stelle, berechnet nach dem Bruttoinlandsprodukt pro Kopf sogar auf dem 4. Platz.

Warum ist man nicht ein bisschen zufriedener mit sich selbst? Die Schweiz hat eine Stimme in dieser Welt, die weit über die Grösse dieses Landes hinausreicht. Man wird gehört, und trotzdem fehlt etwas. Haben wir es hier vielleicht mit einem narzisstischen Grundzug zu tun? Oder liegt es gerade an der Grandiosität des schon Erreichten, dass man noch höher hinaus möchte? Wird man so zum Opfer der eigenen Erfolgsgeschichte?

Aristokratie

Am Thema Aristokratie entzünden sich die urdemokratischen Gemüter in der Schweiz weitaus stärker als in Deutschland. In meinem Schweizer Pass steht Herr zu Dohna, in Deutschland heisse ich Graf zu Dohna, ein Name, der in der erzrepublikanischen Schweiz die Fantasie anregt. Arbeitskollegen haben mich auch schon gefragt, wo denn mein Schloss stehe. Dahinter verbirgt sich ein weit verbreitetes Missverständnis. Auch als Graf wäre ich nie Schlossbesitzer geworden, zum Glück, muss man heutzutage fast sagen. Mein Vater war von sechs Geschwistern das drittälteste und wurde Offizier, später Kaufmann. Viele Leute wissen nicht, dass es auch früher schon immer Adlige gab, die weder grossen Landbesitz noch ein Schloss besassen, ja die meisten sogar. Schliesslich musste man den eigenen Besitz erhalten und mehren. Wenn man immer nur alles gerecht auf die Nachkommen aufgeteilt hätte, wäre bald nichts mehr übrig geblieben, was sich zu erhalten und vererben gelohnt hätte. Im alten aristokratischen Preussen wurde dieses Prinzip Fideikommiss genannt. Bei den Bauern und in anderen Kulturen ist es manchmal umgekehrt, es ist dann der Jüngste, der erbt. In der britischen Aristokratie wird das anders gehandhabt, dort erbt der jeweils älteste Nachkomme nicht nur den ganzen Besitz, sondern auch als Einziger den Titel, was aus Sicht des Adels Sinn macht, denn nur so kann verhindert werden, dass sich Adelstitel inflationär weiterverbreiten.

Der Adel hat heutzutage ein anderes Rollenverständnis als früher. Allerdings muss ich hier eine Klammer aufmachen. Hat es in der Schweiz je einen Adel gegeben? Es wäre sicherlich verfehlt, von einer Schweizer Aristokratie zu sprechen im Sinne einer landesweit herrschenden Schicht. Vor 1789 gab es aber in Solothurn, Fribourg, Luzern und Bern ein mächtiges Stadtpatriziat, das man ohne weiteres als Stadtadel bezeichnen könnte. In der Stadt Bern, die sich im 16. Jahrhundert zum mächtigsten Stadtstaat nördlich der Alpen entwickelte, war es besonders stark. Bern war zwar eine Republik, aber in ihr herrschte eine Aristokratie einiger weniger vornehmer Familien. Ältere Kaufmannsgeschlechter wurden geadelt, und manche der regierenden Geschlechter gaben sich Adelsprädikate, indem sie ein «von» vor ihren Namen stellten. Andere Städte wie Basel, Zürich und Schaffhausen dagegen waren von Zunftverfassungen geprägt.

Im Gegensatz zur Schweiz sind in Deutschland die Zeiten, als die Aristokratie noch ein gewisser politischer Machtfaktor war, noch nicht so lange vergangen, der historische Wechsel zu einer echten demokratischen Gesellschaftsordnung fand in Deutschland grossteils erst nach dem Zweiten Weltkrieg statt, mit dem für zahlreiche Familien schmerzhaften Verlust der angestammten Heimat und der über Jahrhunderte hinweg vererbten Schlösser und grossen Ländereien. Man könnte sagen, der gleiche Übergang hatte in der Schweiz viel früher stattgefunden, nämlich bereits mit dem Sturz des Ancien Régime am Ende des 18. Jahrhunderts, als Napoleon Bonaparte die Schweiz besetzte. Dieser Abstieg in die Bedeutungslosigkeit erfolgte in der Schweiz mehr als 200 Jahre früher als in Deutschland, sodass sich der moderne schweizerische Bundesstaat entwickeln konnte, viel früher als der deutsche. Vielleicht können die alten Familien in der Schweiz wegen dieses historischen Abstandes gelassener als die deutschen mit der eigenen Geschichte umgehen. Es scheint weniger schwierig für sie zu sein, sich den Erfordernissen der modernen Gesellschaft anzupassen.

Ein Blick auf diejenigen meiner Verwandten, die heute noch Schlösser besitzen, zeigt, dass es kein Zuckerschlecken ist, Schlösser zu erhalten. Das war es allerdings auch früher nicht immer. Sowohl in der Schweiz wie auch in Deutschland ist es heute in den meisten Fällen finanziell ausgesprochen schwierig und für alle, die einen grossen Besitz in einer langen Reihe von Vorfahren für eine weitere Generation weiterführen möchten, oftmals eine grosse Bürde.

Viele Leute wissen nicht, wie sie sich verhalten sollen, wenn sie es mit einem Adligen zu tun bekommen, und reagieren verklemmt. Das ist ein Reflex. Es gibt sowohl in Deutschland als auch in der Schweiz viele Leute, die ein verkrampftes Verhältnis zum Adel haben. Manche bewundern kritiklos alles, was mit dem Thema blaues Blut zu tun hat. Das muss nicht zwangsläufig nur die typische Glückspostleserin sein, die sich mit leuchtenden Augen den neuesten Klatsch über meine nicht immer über jeden Zweifel erhabenen Standesgenossen zu Gemüte führt. Nein, es gibt auch erstaunlich viele andere, seriöse, gestandene Berufsleute, bei denen ich immer überrascht bin, dass sie vor lauter Ehrfurcht beinahe erstarren, wenn sie jemanden mit richtigem Adelstitel aus Fleisch und Blut vor sich sehen.

Wiederum bei anderen äussert sich das Verhältnis zum Adel komplizierter. Eigentlich finden sie den Adel gar nichts Besonderes, bewundern oder beneiden ihn in Wirklichkeit aber doch irgendwie, aber nur insgeheim. Etwa für seine Adelstitel, seine lange Geschichte, seine Traditionen und Feste, seinen Familienzusammenhalt, sein selbstsicheres Auftreten, seine guten Manieren usw. Aber man ist sich dessen nicht bewusst, und falls doch, würde man es nie und nimmer zugeben. Adel, das sind doch Leute wie wir, die sollen bloss nicht meinen, sie seien etwas Besseres. Ein Abwehrreflex des scheinbar aufgeklärten und selbstbewussten Bürgers.

In der Schweiz ist der Republikanismus weit verbreitet, kein Wunder, bei so viel demokratischen Traditionen, und nie in der eigenen Geschichte hat sie ein eigenes Königshaus gehabt. Falls jemand aus einer Adelsfamilie stammt, sollte er sich nicht auf seinen (hoffentlich) guten Namen verlassen, man wird ihn argwöhnisch beäugen, in der Schweiz noch mehr als in Deutschland. Er muss sich seine Anerkennung erst noch verdienen, wir leben schliesslich in einer

Leistungsgesellschaft, nur die Leistung zählt, sonst gar nichts. Die Zeiten, als es genügte, «de bonne famille» zu sein, um einen gut bezahlten Job zu ergattern, sind vorbei, und das ist auch gut so.

Früher oder später wird allerdings jemand herausfinden, dass da ein Vertreter einer eigenartigen Spezies in der gleichen Firma arbeitet. Bisher unbemerkt, wird sich dieser schon am nächsten Tag als bunte Kuh auf dem Präsentierteller seiner Kollegen wiederfinden. Der brave und fleissige Mitarbeiter, der er bisher war, existiert nicht mehr. In diesem Moment beginnt ein Film abzulaufen, eine Art Grimms-Märchen, in dem mächtige Könige vorkommen, sagenumwobene Schwerter auf Ritterhelme niederkrachen, Goldschätze schimmern und edle Prinzen um die Hand erlauchter Königstöchter anhalten. Es wird Wochen und Monate dauern, aber irgendwann tut der Zahn der Zeit seine Wirkung, die Prinzessinnen verblassen, und die Realität gewinnt wieder die Oberhand. Der Alltag ist wieder eingekehrt.

Demokratie

In der deutschen Schule lernten wir, die Schweiz sei die älteste Demokratie der Welt. Das wurde allerdings schon zu meiner Schulzeit immer etwas belächelt. Ja, ja, schon recht, Demokratie für die Reichen und Wohlhabenden, das Bankgeheimnis lässt grüssen. Despotengelder auf finsteren Konten horten und dann von Demokratie reden. Ganz zu schweigen von der tiefen Wahlbeteiligung. Man mokiert sich in Deutschland gelegentlich über die 30 oder 40 Prozent der Stimmbürger, die von ihrem Recht an der Urne Gebrauch machen. Das soll Demokratie sein? Und das bei regelmässig stolzen Stimmbeteiligungen von über 70 Prozent bei deutschen Bundestagswahlen. Wo ist hier die wahre Demokratie?

Die Deutschen bezeichnen sich zwar manchmal als Musterschüler der Demokratie. Während die Schweizerische Eidgenossenschaft auf eine jahrhundertealte, zum Teil direktdemokratische Tradition zurückblickt, handelt es sich in Deutschland jedoch um eine junge und weitgehend indirekte Demokratie. Der deutsche Staat präsentiert sich zwar zu Beginn des 21. Jahrhunderts, von allen Problemen abgesehen, in einer besseren und solideren Verfassung als jemals zuvor. Aber eine funktionierende parlamentarische Demokratie gibt es in Deutschland, mit Ausnahme der Weimarer Jahre, erst seit 1949, als die Bundesrepublik gegründet wurde. Und erst seit der Wiedervereinigung 1990 wird die deutsche Nation als Ganzes demokratisch regiert. Um mit Helmut Schmidt zu sprechen: «Die Erziehung zu bewussten Staatsbürgern, zu dem, was die Griechen das Zoon politikon nannten, hat uns immer gefehlt. Das Staatsdenken, auch das ökonomische Denken, hat in Deutschland nie sehr viel gegolten. Das deutsche Defizit ist freilich keineswegs verwunderlich vor dem Hintergrund von vier Staatszusammenbrüchen im Laufe eines einzigen Jahrhunderts: 1918/19 das Ende des Kaiserreichs, 1930/33 der Niedergang der Weimarer Republik, 1945 der Kollaps des Dritten Reiches und schliesslich 1989/90 das Zerbrechen der DDR.»

Bevor ich in der Schweiz zu studieren begann, hatte ich keinen grossen Begriff von der Schweiz als Staatsgebilde. Im besten Falle konnte die Schweizer Demokratie für mich als eine Art Fata Morgana herhalten, ein unwirkliches Gebilde, trügerisch, eher aus Wunschvorstellungen entstanden als real. Damals spukte «Wilhelm Tell für die Schule» von Max Frisch durch die Köpfe, worin der Mythos von Wilhelm Tell bekanntlich demontiert wird. Die sogenannte Demokratie in der reichen Schweiz konnte eigentlich keine echte sein, jedenfalls keine echte Demokratie des Volkes.

Heutzutage kann ich nur feststellen: In Deutschland hat der Durchschnittsbürger nicht die leiseste Ahnung, was direkte Demokratie bedeutet. Und es hat dort auch niemand ein echtes Interesse daran, dass sich das ändert. Es ist bequemer so, wie es ist. Natürlich kann es mühsam sein, als Stimmbürger zu allen möglichen Gesetzesvorlagen, Referenden, Initiativen, Bauvorhaben, Umzonungen usw. an die Urne gerufen zu werden und sich immer wieder aufs Neue informieren zu müssen, um sich eine halbwegs solide Meinung zu einer Abstimmung zu bilden. Kein Wunder, ist die Stimmbeteiligung derart tief, man ist schlicht überfordert. Entscheidend ist aber etwas ganz anderes. Auch wenn man als Schweizer und Schweizerin nicht wählen oder stimmen geht und die grosse schweigende Mehrheit es schon irgendwie richten wird, weiss man trotzdem um sein Recht zu stimmen, und das ist tief verankert. Das Volk ist der Souverän, und das nicht nur auf dem Papier. Diese Grundhaltung ist seit Jahrhunderten ein fester Bestandteil des schweizerischen Volkscharakters, immer vorhanden und jederzeit abrufbereit.

Die direkte Demokratie hat weit reichende staatsphilosophische Konsequenzen. Sie bestimmt das Verhältnis jedes einzelnen Bürgers zum eigenen Staat. Der wahre Souverän ist das Volk, das Volk ist der Stimmbürger, also ist jedermann und jedefrau der Souverän, nicht etwa die da oben. Das sonnenkönigliche «l'état c'est moi», aber diesmal umgekehrt und von unten gesprochen, sozusagen basisdemokratisch. Das ist die Idee, die dem schweizerischen Demokratieverständnis zugrunde liegt. Damit verknüpft ist eine weitaus stärkere Identifikation mit dem eigenen Staat und seinen Institutionen als in Deutschland. Wer überall und ständig mitbestimmt, fühlt sich eingebunden in den politischen Prozess und sieht sich als Mitbesitzer des von ihm selbst mitregierten Landes. Umso mehr, als der Souverän auch bei der Gestaltung der Steuern ein Mitspracherecht hat, auf allen Ebenen, Gemeinde, Kanton, Bund. Dieses fundamentale Volksrecht ist in Deutschland unbekannt, das ist der Grund dafür, dass es in Steuerfragen regelmässig zu Missverständnissen und Streitereien zwischen beiden Ländern kommt. Während in Deutschland ein latentes Grundmisstrauen, ja oft sogar eine gewisse Verachtung gegenüber den eigenen Institutionen und Beamten verbreitet ist, ist das in der Schweiz nicht so. Auch hochgestellte Beamte sind keinesfalls unangreifbar. Jeder Staatsdiener muss damit rechnen, nach Ablauf seiner Amtsperiode nicht wiedergewählt zu werden. Was regelmässig vorkommt. Daher ist auch ein lebenslänglich geschützter Beamtenstatus nicht die Regel, wie er in Deutschland noch existiert, zum Beispiel bei Richtern, Staatsanwälten, Studienräten, Universitätsprofessoren.

Das Volk hat die Macht, nicht das Parlament. Nicht dass man die eigene Volksvertretung nicht achten würde, ganz im Gegenteil. Man hat sie ja demokratisch gewählt. Aber der Souverän kann eben jederzeit eingreifen und korrigieren. Das wissen die da oben auch ganz genau, und sie richten sich danach. Dieses unmittelbare demokratische Korrektiv gibt es in keinem anderen Land auf dieser Erde. Jean-Jacques Rousseau hat einmal geschrieben, die Bildung politischer Parteien und die damit verbundene Delegation der Volkssouveränität an wie auch immer geartete politische Körperschaften führe unweigerlich früher oder später zum Absterben des politischen Willens. Rousseau war Genfer.

Wir wollen die schweizerische Demokratie nicht zum Mass aller Dinge hochstilisieren. Die Schweiz hat genug Probleme. Die tiefe Wahlbeteiligung ist dabei nur eine Baustelle von vielen. Eine andere Frage ist eben gerade die, ob es wirklich nötig ist, dass der Souverän zu jedem und allem kontrolliert werden muss oder ob man in einem modernen Staat nicht vielleicht doch besser viele Sachfragen den Spezialisten überlassen sollte, die das dann mit Sachverstand entscheiden können.

Das Verhältnis zum eigenen Staat ist in beiden Ländern höchst verschieden. «Hier ein ziemlich renitentes, obrigkeitsskeptisches und demokratisch gesinntes Alpenvolk. Dort eine lange Tradition des Gegenteils: Befehlen und Gehorchen, Sehnsucht nach dem starken Staat», bringt es Bruno Ziauddin in seinem Buch auf den Punkt. Kein Zufall, ist auch der Kommunismus eine deutsche Erfindung, zumindest haben Marx und Engels dazu die Theorie geliefert. Hierbei erhält die übermächtige Rolle des Staates als gute Fee, die ihre braven Volksgenossen stets an ihrem Busen nährt und für alles und jedes sorgt, ihre quasireligiöse Überhöhung. Kein Wunder, benehmen sich viele Bürger wie in einer staatlichen Hängematte und empfinden eigenverantwortliches Denken und Handeln als unzumutbar. Besonders diese Sehnsucht nach einem mächtigen staatlichen Über-Ich zeichnet die Deutschen in ihrem politischen Verständnis bis heute aus, die Schweizer dagegen sind Individualisten und grosse

Verfechter der Eigenverantwortung. Überspitzt formuliert, gehört in der Schweiz der Staat dem Bürger, in Deutschland gehört der Bürger dem Staat.

Jahrhundertelanges Obrigkeitsdenken und «Staatsgläubigkeit verbunden mit kollektivistischen Grundreflexen», so Felix E. Müller von der «NZZ am Sonntag», verschwinden nicht nach wenigen Generationen einfach so aus den Köpfen. Das dauert länger, viel länger, und zwar sowohl bei den Regierten als auch bei den Regierenden. Ausgedehnte autoritäre Restinseln halten sich hartnäckig, nicht nur in Bürokratenhirnen, nein, vor allem in Spitälern, Konzernen, bei Fernsehsendern, Gewerkschaften, Parteien, überall.

Wer längere Zeit in der Schweiz lebt, wird den Unterschied begreifen lernen. Und, um hier ein häufiges Missverständnis auszuräumen: Demokratisch sollte nicht mit antiautoritär verwechselt werden, autoritäre Strukturen gibt es sehr wohl in der Schweiz, vielleicht ist die Schweiz in manchem sogar rigider und strenger als Deutschland.

Nationalsozialismus

Auch heute noch, am Anfang des 21. Jahrhunderts, kann man den Beziehungen zwischen Deutschland und der Schweiz nicht wirklich gerecht werden, wenn man sich nicht mit dem Thema Nationalsozialismus und seinen Auswirkungen beschäftigt.

Die Naziherrschaft in Deutschland markiert nicht nur einen abgrundtiefen Bruch in der deutschen Geschichte und Identität selbst, sie markiert auch einen historischen Knick in den Beziehungen beider Länder. Ich habe immer wieder den Eindruck, man ist sich in Deutschland selbst zu wenig bewusst, wie sehr die Erinnerung an den deutschen Faschismus in der Schweiz und in vielen anderen Ländern bis heute wach geblieben ist. War man den Deutschen gegenüber im Laufe der Zeiten mal kritischer, mal weniger kritisch eingestellt, so war der nördliche Nachbar über die Jahrhunderte doch im Grossen und Ganzen eine berechenbare Grösse, die man einschätzen konnte. Auch wenn man sich nicht immer liebte, so wusste man doch immer, woran man war.

Nach der Gründung des Zweiten Deutschen Kaiserreiches 1871 gab es eine Zeit, in der breite Kreise in der Deutschschweiz sehr deutschfreundlich eingestellt waren. Der schweizerische General Ulrich Wille verlieh seiner Sympathie zum wilhelminischen Deutschland offen Ausdruck, insbesondere mit seiner Vorliebe für das preussische Militär und dessen Drill und Disziplin, die er auch in der Schweizer Armee durchzusetzen versuchte. Das Land wurde dadurch stark polarisiert, besonders in der Romandie und bei den Sozialdemokraten war Wille höchst umstritten, es drohte die Spaltung der Nation. Erst im Verlauf des Ersten Weltkriegs nahmen die Sympathien für Deutschland deutlich ab.

Noch erstaunlich lange nach dem Ersten Weltkrieg, als sich die sozialen und wirtschaftlichen Probleme der Weimarer Republik zuspitzten, waren breite Kreise in der Schweiz immer noch geneigt, den konservativen und deutschnationalen Ruf nach mehr Disziplin und Ordnung zu unterstützen. Das schweizerische Bürgertum war traumatisiert durch die sich überstürzenden Ereignisse in Deutschland und in Russland. Niemand hatte vorhersagen können, ob es die mächtige und gut organisierte deutsche kommunistische Partei mit dem Rückenwind der russischen Oktoberrevolution von 1917 nicht schaffen würde, an die Macht zu kommen, oder ob es die zerstrittenen demokratischen Parteien fertigbringen würden, für stabile demokratische Verhältnisse zu sorgen. Deutschland war innerlich zerrissen, es herrschten Klassenkampf und bürgerkriegsähnliche Zustände.

Mit dem Aufkommen der Nationalsozialisten in Deutschland gab es auch in der Schweiz nazifreundliche Bewegungen, die sich von der gefährlichen Rhetorik eines Joseph Goebbels anstecken liessen, insgesamt aber hat die überwiegende Mehrheit der Bevölkerung in der Schweiz viel nüchterner, klarer und früher als in Deutschland die heraufziehende grosse Gefahr des Nationalsozialismus erkannt.

Nach der Machtergreifung der Nazis 1933 und sobald man sehen konnte, dass die von breiten Bevölkerungskreisen vorher oft verharmloste Hitler'sche NSDAP mit ihren Unterorganisationen SA und SS wirklich Ernst machte mit ihrem Programm, spätestens aber nach dem deutschen Überfall auf Polen 1939, schlug die Stimmung in der Schweiz radikal um. Plötzlich war nun alles anders. Man sah sich einer tödlichen Gefahr gegenüber, die das ganze Land in seiner Existenz bedrohte. Es dauerte nur wenige Jahre, und die Schweiz war von braunen Mächten umgeben, die bis an die Zähne bewaffnet waren, Deutschland im Norden, im Osten das «wieder angeschlossene» Österreich, im Süden Italien mit dem Mussolini-Faschismus und im Westen das von den Deutschen besetzte Frankreich. Auch wenn man mit zunehmender historischer Distanz Mühe hat, sich in die damals vorherrschende Gemütslage einzufühlen, vor allem diejenigen Generationen, die nicht selbst dabei waren, und auch wenn es heutzutage Kreise gibt, die die damalige Rolle der Schweiz als neutrales Land kritisieren, so muss man doch festhalten, dass die Schweiz eine winzige demokratische Insel inmitten eines faschistischen Ozeans war. Es erscheint mir anmassend und unhistorisch gedacht, wenn aus heutiger Sicht sogar von manchen Fachleuten ernsthaft die Meinung vertreten wird, die Schweiz hätte sich damals mehr wehren sollen. Mir ist das unverständlich. Natürlich erscheint es rückblickend einfach, aber wer hätte denn damals, als die europäischen Länder reihenweise vor Hitler kapitulierten, sicher sein können, ob Nazideutschland nicht auch noch den letzten demokratischen Fleck auf der Landkarte, der in Mitteleuropa übrig geblieben war, mit seiner übermächtigen Militärmaschinerie überrollen würde?

Von diesem existenziellen Trauma hat sich die Schweiz bis heute noch nicht ganz erholt. Auch andere Länder nicht, der kollektive Schrecken sitzt noch immer tief. Hier irrt auch Helmut Schmidt, der für seine nüchternen und weitsichtigen Analysen geschätzte Staatsmann und Publizist, wenn er dazu schreibt: «Unter diesem Aspekt ist es kein Wunder, dass es zwischen Schweizern und Deutschen kaum irgendwelchen Argwohn gibt; seit Jahrhunderten hat man sich gegenseitig nichts Böses zugefügt.» Auch wenn die Erinnerungen angesichts eines zuverlässig funktionierenden, demokratischen deutschen Staates stark verblasst sind, so braucht es doch noch immer wenig, um alte schweizerische Ängste wieder aufleben zu lassen. Ein Lehrbeispiel hierfür war die Zeit kurz vor der deutschen Wiedervereinigung. Diese wurde nicht nur in der Schweiz, sondern auch in vielen anderen befreundeten Ländern mit Misstrauen beäugt, und Zweifel am künftigen Kurs des bald wieder erstarkten Kolosses in der Mitte Europas erhielten Nahrung. Ein deutscher Staat, der unaufhaltsam und in vielerlei Hinsicht in alter Macht und Grösse wieder erstarken würde, gemessen an seiner Bevölkerungsgrösse, an seiner überragenden Wirtschaftskraft und an seiner neuen politischen Stellung auf der Weltbühne. Felix E. Müller glaubt, auch deswegen komme jeglichen Drohgebärden, «wenn sie aus dem Norden kommen, eine andere Qualität zu: Sie gehen an die Wurzeln der nationalen Identität der Schweiz. Sie wecken rasch die Widerborstigkeit, die in den Genen der Schweizer steckt und der sie, historisch gesehen, das Glück verdanken, nicht von Deutschland einverleibt worden zu sein.»

Im alltäglichen Umgang mit Schweizern wird jeder Deutsche schnell feststellen, dass das Thema Nationalsozialismus immer noch nicht erledigt ist. Wohlgemerkt nicht nur bei den Älteren, sondern auch bei den Jungen, deren Eltern erst lange nach dem Ende des Zweiten Weltkrieges geboren wurden. Wieso kann das für jüngere Schweizer noch ein Thema sein? Wie wir alle wissen, ist Deutschland ein ordentliches demokratisches Land mit gefestigten demokratischen Strukturen.

Der Grund liegt meiner Meinung nach darin, dass das im schweizerischen Bewusstsein immer noch latent vorhandene Nazitrauma auch heute noch in erstaunlich vielen Büchern wiederbelebt wird. Vom Einfluss vieler Hollywoodfilme ganz zu schweigen. Darin übt der Nationalsozialismus bis zu den allerneuesten Produktionen seine unerklärliche, morbide Faszination aus, der sich offenbar auch viele aufgeklärte Zeitgenossen nicht zu entziehen vermögen und die sich immer noch zu Geld machen lässt.

Aber auch in vielen Reiseführern und Ratgebern zum Thema Deutschland wird immer wieder unreflektiert und kurzschlussartig auf Naziklischees zurückgegriffen. Zwar wird nur indirekt auf Begriffe wie Blut und Boden, Gauleiter, Blitzkrieg, Gestapo usw. angespielt, doch mir erscheint das leichtfertig, wenn nicht verantwortungslos. Es wurde dazu schon aus bedeutenderem Munde gesagt, dass man auf diese Weise den wahren Naziterror verharmlost. Das führt dann nicht selten dazu, dass überall dort, wo Deutsche in der Schweiz laut, schroff oder unhöflich werden oder wo der Tonfall klar erkennbar teutonisch wird, das Gehirn aus- und der Reflexmodus eingeschaltet wird. Wir befinden uns nun mehrere Etagen tiefer, bereits deutlich unterhalb der Gürtellinie, und es ist nicht mehr allzu weit bis zum allegorischen Preussen, der mit Pickelhaube, beide Hacken zusammenschlagend, aus der Klamottenkiste wiederaufersteht. Normalerweise reicht das schon zur Erledigung des Gegners, sollte aber wider Erwarten der Fall eintreten, dass sich noch Widerstand regt und die helvetische Moralindosis ihre Wirkung nicht erzielen konnte, gibt es immer noch ein paar aufrechte Schweizer Gutmenschen, die nun den terminalen Vernichtungsschlag vorbereiten. Der Overkill kommt nun unausweichlich in Form des hellblonden und blauäugigen Obersturmbannführers der Waffen-SS, mit möglichst vielen Totenköpfen auf schwarzer Uniform und Helm, dünnen Lippen, kalt lächelnd, ein Todesengel. Man hat es ja gewusst, schon wieder ein Nazi. Die Niederlage ist vernichtend, die Kollateralschäden verheerend, es rührt sich nichts mehr.

Liebe Schweizer, lasst euch sagen, nicht überall, wo Deutsche schunkeln, Bier trinken, unangenehm laut werden oder sonst irgendwie unschweizerisch tun, sind Nazis am Werk, eigentlich sogar nie. Die Moralkeule mit dem Nazi, auch wenn sie nur angedeutet wird, wirkt aber immer, auch bei jüngeren Deutschen. Die wehren sich zwar stärker als ihre älteren Volksgenossen, aber der Widerstand ist meistens kurz und schnell gebrochen. Während bei den Schweizern ein ungebrochener Nationalstolz selbstverständlich ist und Nationalfahnen ohne Hintergedanken auch abseits von Fussballweltmeisterschaften und in grosser Zahl geschwenkt werden, ist das in Deutschland nicht so. Der Bruch im Geschichtsbewusstsein und in der deutschen Identität seit dem Naziregime ist immer noch spürbar vorhanden, auch bei den jüngeren oder inzwischen nicht mehr so ganz jungen Deutschen, denen Helmut Kohl unglücklicherweise die Gnade der späten Geburt bescheinigen wollte. Es ist naiv, zu glauben, man könne als Angehöriger eines Volkes oder einer Kultur einfach aus der eigenen Geschichte austreten, wie man etwa aus einem Verein oder einem Club austritt, auch wenn man selbst noch nicht einmal geboren war, als das Unheil regierte. Das hat nichts mit Kollektivschuld zu tun. Man gehört dazu, ob man will oder nicht, auch wenn man selbst als Individuum unschuldig ist. Die Schande und die Scham über das, was passiert ist, sind zu gross, das ist normal. Vermutlich braucht es noch mehrere Generationen, bis Deutschland und die Deutschen wieder einen einigermassen unverklemmten Nationalstolz empfinden können. Bei der geglückten Fussballweltmeisterschaft 2006, mit Deutschland als Austragungsort, konnte man erste Anzeichen in eine neue, unverkrampftere Richtung beobachten.

Fachleute vieler Spezialgebiete, von den Historikern über die Soziologen und Ökonomen bis hin zu den Anthropologen und Psychoanalytikern, haben schlüssige Theorien vorgelegt, wie ein Hitler möglich wurde und wieso es zu dieser deutschen Katastrophe gekommen ist. Für mich bleibt es, all diesen Erklärungsversuchen zum Trotz, bis heute merkwürdig unbegreiflich, wieso sich eine der grossen Kulturnationen von 1933 bis 1945 in die Hand von Schwerstkriminellen begab und sich von Barbaren regieren liess, freiwillig.

Duzen und Siezen

Ich bekenne, ich zelebriere das Siesagen, ich bin ein notorischer Siezer. Und ich möchte festhalten, es gibt sie noch in dieser Welt, diese vereinzelten Inseln, wo nicht einfach hemmungslos drauflosgeduzt wird. Es gibt sie sogar noch in der Schweiz, wohlgemerkt auch unter Schweizern, obwohl ich leider zugeben muss, dass sie immer rarer werden. Wer heutzutage duzt, ist in, ist automatisch teamfähig, ist ein guter Kollege, ist ein guter Chef. Mit anderen Worten ein guter Mensch. Wer nicht sofort duzt, ist natürlich von alledem das pure Gegenteil, dazu noch ein arroganter Schnösel, eingebildet und sowieso hoffnungslos von gestern, kein guter Mensch jedenfalls. Was die boomende Beratungsindustrie tagtäglich in ihren Management-, Führungs- und Coachingseminaren verkündet, ist genau diese Botschaft: Nur wer von Anfang an sein Gegenüber duzt, ist wirklich für den Arbeitsalltag des 21. Jahrhunderts gerüstet. «Hallo, ich bin der Urs, und wie heisst du?» Diese angestrebte Nähe hat etwas Künstliches und ist anstrengend. Manche Deutsche empfinden das auch beim Dreifachbegrüssungskuss so, der in der Schweiz üblich ist. Leider grassiert das Duzen in der Schweiz in beängstigendem Ausmass. Am schlimmsten ist es in Zürich, da wird sogar in Läden geduzt, dann kommt Bern, mit einigem Abstand gefolgt von Basel, obwohl ich mir aus gut unterrichteten Quellen habe sagen lassen, dass es inzwischen auch dort langsam, aber sicher bedrohlich wird. Wie kann sich eine Nation von eingefleischten Individualisten nur derartig vergessen und den absolut nötigen zwischenmenschlichen Mindestabstand, der nur mit dem Sie aufrechterhalten werden kann, mit dem Du auf null reduzieren? Mit dem Auto fahren wir ja auch nicht Stossstange an Stossstange, wieso machen wir das sprachlich im zwischenmenschlichen Umgang? Nutzt der Schweizer womöglich das Du, um sich auch hier von der deutschen Sprache zu distanzieren?

Oder handelt es sich beim Duzen um einen generellen sprachlichen Anglizismus, der einreisst wie zahllose andere offene und versteckte Anglizismen?

An dieser Stelle eine Klarstellung: Ich bin nicht gegen das Duzen an sich, aber wozu hat uns die deutsche Sprache mit dieser Unterscheidung zwischen Sie und Du ausgerüstet? Sind denn Engländer, Amerikaner und Skandinavier bessere Menschen, weil man sich gegenseitig mit dem Du anspricht? Ist das englische you überhaupt ein echtes Du? In früheren Zeiten haben Engländer und Amerikaner zwischen dem thou und dem you unterschieden. Mit thou wurde Intimität und Nähe ausgedrückt, das you wurde für formellere Umstände benutzt. Im 17. Jahrhundert wurde thou ungebräuchlich, heutzutage wird es nur noch in wenigen Gegenden Nordenglands, Schottlands und in einigen Städten in den USA verwendet. Im modernen Englisch kommt thou höchstens noch in einem formellen religiösen Rahmen vor, aus der alten Literatur kennt man es vor allem bei William Shakespeare, wo die Formen thou (du) and thy (dein) häufig vorkommen. Daher wird thou oft fälschlicherweise mit grosser Feierlichkeit oder Förmlichkeit in Verbindung gebracht. Wenn heutzutage das thou weggefallen ist und nur noch das you gesprochen wird, kann man sich fragen, wieso man sich in den englischsprachigen Ländern, entgegen unserer landläufigen Meinung, nur noch siezt und nicht duzt.

Nicht nur die deutsche Sprache macht den Unterschied zwischen Du und Sie, und ich bin sehr dafür, dass das auch so bleibt. Es ist nichts einzuwenden gegen das Dusagen, aber erst wenn eine gewisse Nähe vorhanden ist.

Dem Ganzen liegt ein weit verbreitetes Missverständnis zugrunde. Wer das Du schon bei der ersten Begegnung anwendet, möchte signalisieren: Wir sind gleichgestellt, ich bin nicht besser als du, vor allem aber: Du musst keine Angst vor mir haben, wir duzen uns ja. Wer sich duzt, meint, er könne Barrieren nur dadurch abbauen, dass er auf das Sie verzichtet. Dadurch wird der eigentliche Sinn des Dusagens aber entwertet, denn wer sich ohnehin schon duzt, verliert die

Möglichkeit, dem anderen irgendwann das Du anzubieten. Es ist eines dieser pseudomodernen Businessmantras, zu glauben, dass man sich automatisch besser versteht, nur weil man auf das Siesagen verzichtet. Ich sage seit Jahren Sie zu zahlreichen Kollegen und Mitarbeitern, und wir verstehen uns deswegen trotzdem gut. Umgekehrt duze ich mich mit vielen Mitmenschen, obwohl ich mich mit ihnen nicht besonders gut verstehe. Daher ist es moderner Aberglaube, zu meinen, Hierarchien könnten durch das Du oder Sie beeinflusst werden. Das Machtgefüge in einem Betrieb wird deswegen weder kleiner noch grösser, sondern hängt von ganz anderen Faktoren ab.

Auch im Privatleben wird schnell zum verschrobenen Sonderling, wer sich nicht automatisch duzt. Vor ein paar Monaten war ich bei einem guten Freund zu einem Brunch bei ihm zu Hause eingeladen. Wie bei ihm und seiner Frau nicht anders zu erwarten, hat die anwesende Gästerunde aus lauter respektablen Zeitgenossen bestanden. Als ich mir einen Weg durch die Menge bahne und mich einer Unbekannten vorstelle, wie gewohnt mit meinem Nachnamen, «zu Dohna», die rechte Hand ausgestreckt zum Händedruck, geschieht Folgendes: Sie stellt sich mir mit ihrem Vornamen vor, nennen wir sie Monika. Dann, als ob sie leicht schwerhörig sei, beugt sich Monika etwas näher zu mir, mit gerunzelten Stirnfalten und fragendem Gesichtsausdruck: «Z… Z… Zudora?» Da ich zu wissen meine, was jetzt kommt, Sie wissen schon, schwieriger Name, zwei Wörter, Beginn mit z, wiederhole ich mit festem Blick: «zu Dohna», langsam, zum Mitschreiben. Aber ich sollte mich irren, es ging um etwas ganz anderes, mein Gegenüber war nicht im Geringsten an meinem Nachnamen interessiert. Monika, inzwischen mit zweifelnder Miene, überlegte, blickte mir in die Augen und verkündete: «Hallo Zudohna.» In der festen Überzeugung, dies sei doch wohl ein sehr ungewöhnlicher Vorname, ich wiederhole, Vorname.

Verkehrsphänomene

Wenden wir uns nun dem Verkehr zu, genauer dem motorisierten Individualverkehr. Zu den Fussgängern kommen wir auch noch. Falls der unwahrscheinliche Fall eintritt, dass man in Deutschland nicht gerade in einem dieser Megastaus steckt, kann auf deutschen Autobahnen nach Herzenslust und ohne Geschwindigkeitsbegrenzung gerast werden. Ob das wirklich der Freiheit dient, kann mit Fug und Recht bezweifelt werden, aber laut Unfallstatistikern passieren nicht mehr Unfälle als auf Landstrassen, angeblich sind Autobahnen sogar sicherer, wenn man einmal vom höheren CO_2-Ausstoss absieht, aber das ist ein anderes Thema. In der Schweiz haben wir dagegen eine Obergrenze von 120 Kilometern pro Stunde.

Abgesehen davon, dass eine Überschreitung in der Schweiz unangenehm teuer werden kann, lohnt es sich noch aus einem anderen Grund, die vorgeschriebene Geschwindigkeit einzuhalten. In Deutschland denkt bei Autobahnbaustellen kaum jemand daran, den Fuss vom Gaspedal zu nehmen. Von der vorbeizischenden Aussenwelt akustisch abgeschirmt, gleiten Sie ruhig auf sanfter Federung dahin, eingelullt von fortschrittlichster Sicherheitstechnik. Gefühlte Geschwindigkeit über Grund? Nicht der Rede wert. Mit anderen Worten, Sie rasen durch die schönen Lande, in einer Blechkiste, die in Wahrheit nichts anderes als eine lebensgefährliche Waffe darstellt, aber Sie merken es praktisch nicht. Und jetzt dieses Schild, eine Baustelle, 120 Kilometer pro Stunde? Es wissen sowieso alle, dass die vorgeschriebene Höchstgrenze nie ganz genau berechnet wird, dazu kommt dann noch die Toleranzmarge. Wir können locker weiterbrettern, ohne Schaden zu befürchten, und vor allem ohne schlechtes Gewissen.

In der Schweiz sollte man den Bleifuss wirklich vom Gas nehmen, vorsichtshalber, Ihnen und Ihrem Auto zuliebe. Während der

Staat in Deutschland offenbar bereits einkalkuliert, dass sich sowieso niemand an Obergrenzen hält, und absichtlich viel zu tiefe Geschwindigkeiten signalisiert, riskieren Sie hierzulande, aus der Kurve zu fliegen. Auf deutschen Strassen weiss der Autofahrer natürlich um diese Mogelei und passt sich entsprechend an. Was der Gesetzgeber wiederum weiss, sodass er noch tiefere Grenzen setzt. Was der Autofahrer wiederum weiss ... Kurzum, es entsteht eine kleine Geschwindigkeitsspirale im deutschen Verkehrsschilderwald. Nicht so in der Schweiz, wenn hierzulande 60 Kilometer pro Stunde draufsteht, sind auch 60 Kilometer pro Stunde drin. Fahren Sie allerhöchstens 70 Kilometer pro Stunde, ansonsten könnte es passieren, dass Sie zum Opfer der unerbittlichen physikalischen Gesetze werden und die Konsequenzen der von Ihnen missachteten Zentrifugalkräfte aus dem Strassengraben heraus begutachten müssen.

Es gibt noch ein anderes Verkehrsphänomen mit grossen Unterschieden zwischen beiden Ländern. Beim Zebrastreifen nämlich, auch Fussgängerstreifen genannt. Seit Jahren ist es auch in der Schweiz überall die Pflicht des Autofahrers, bei einem Zebrastreifen immer anzuhalten, wenn ein Fussgänger am Strassenrand steht. Der Schweizer Verkehrsminister versucht schon lange alles Menschenmögliche, um die Rechte des Fussgängers an dieser Schwachstelle durchzusetzen, erfolglos. Wer das nicht glauben will, dem rate ich, sich dem direkten Ländervergleich zu stellen. Er möge sein Glück als Zebrastreifentester, sagen wir in den USA oder eben am besten gleich in Deutschland, versuchen. Vollkommen ungeeignet zum Testvergleich sind südliche Länder, vor allem Italien, dort ist es noch gefährlicher als in der Schweiz, die Strasse zu Fuss zu betreten.

Für diesen Zweck sollte man sich einen schönen Fussgängerstreifen aussuchen, an übersichtlicher Verkehrslage, am besten auf neu geteerter Unterlage, ein sattes Gelb auf tiefschwarzem Untergrund. Für eine perfekte Versuchsanordnung müsste auch das Wetter mitspielen. Es muss kein strahlender Tag sein, aber etwas blauer Himmel mit Sonne wäre gut. Entscheidend ist die gute Sicht des Autofahrers, er darf keine Ausreden haben. Würde sich unsere Testperson nun in

Deutschland an einen Fussgängerstreifen stellen, fängt jeder Autofahrer schon von weitem an zu bremsen, sobald er sie das erste Mal gesehen hat. In England und den USA geht es noch viel weiter mit der Höflichkeit der Automobilisten. Wer dort auch nur in den Verdacht gerät, die Strasse eventuell in nächster Zeit überqueren zu wollen, wird mit einem zuvorkommenden Bremsmanöver belohnt.

Nun, in der Schweiz stellt sich die Lage anders dar. Obwohl die Schweizer ihren Ruf als höfliche und zuvorkommende Menschen zu Recht geniessen, gelten an der Schnittstelle zwischen Strasse und Trottoir andere Regeln. Man könnte von einem rechtsfreien Raum sprechen, High Noon auf Schwarzgelb. Bleibt ein Fussgänger gut sichtbar am Fussgängerstreifen stehen, darf er nicht gleich die Geduld verlieren. Zahlreiche Autos werden rauschend an ihm vorbeifahren, als ob er gar nicht da wäre. Ach, und bei Regen, falls er wirklich schon sehr nahe an der Strasse steht, unbedingt auch auf Pfützen achten. Auch wenn er vielleicht immer noch meint, dass da gleich einer anhalten wird. Falls er nicht zufällig seinen Neoprenanzug anhat, sollte er fluchtartig das Weite suchen.

Nachdem er sich schon eine Weile die Beine in den Bauch gestanden und bravourös die Fassung bewahrt hat, wird er sich fragen, wie lange das hier noch dauern könnte. Eine grobe Schätzung ergibt, dass der nächste Fussgängerstreifen mindestens zweihundert Meter weit entfernt ist, in beiden Richtungen. Sich dorthin zu begeben, kommt nicht in Frage. Wenn er ganz grosses Pech haben sollte, und das hat er sicher, gibt es in der näheren Umgebung auch keine Ampeln, die den Verkehrsfluss unterbrechen könnten. Inzwischen reicht es ihm, er hat die Nase gestrichen voll, und er fasst einen Entschluss. Schliesslich will er hier nicht ewig warten. Er begibt sich auf die Strasse, todesmutig.

An dieser Stelle verrate ich einen Trick. Es geht darum, sich ahnungslos zu stellen. Wenn jetzt nämlich von rechts und links Autos auf unseren Fussgänger zurasen, muss er weiter geradeaus gehen, wie jemand, der weder sehen noch hören kann, immer die andere Strassenseite vor Augen. Erst jetzt erwacht der dösende Blechkistenchauffeur.

In diesem Moment ist das Gesetz des Handelns auf den mutigen Fussgänger übergegangen, er diktiert das Geschehen. Lautes Gekreische blockierender Bremsklötze, rauchende Reifen und viel Gummi auf der Strasse sind der Beweis, dass diese Taktik funktioniert. Ebenso wie laute Flüche und eindeutige Handzeichen. Sie befinden sich auf dem gesetzlich geschützten Fussgängerstreifen und im Recht. Aber Sie sind ja nicht lebensmüde, es gibt genügend Leute am Steuer, die den letzten Sehtest schon lange hinter sich haben, und wieder andere, die jeden Fussgänger aus Prinzip als blanke Provokation empfinden. Es kann auch vorkommen, dass das von der ersten Seite kommende Auto höflich anhält und Sie freundlich über die Strasse gewinkt werden, während der von der Gegenseite kommende Autofahrer über Sie hinwegbrettern möchte.

Nun die umgekehrte Optik. Wer als deutscher Autofahrer in der Schweiz zum ersten Mal an einem Fussgängerstreifen anhält, ist irritiert. Die dort wartenden Fussgänger werden keine Anstalten machen, die Strasse zu überqueren, und bleiben erst einmal am Strassenrand stehen. Man ist nicht darauf vorbereitet, dass da einer anhält. Auf eine längere Wartezeit eingestellt, möchte man nur ungern gestört werden, man ist erstaunt, auch misstrauisch. Was ist das jetzt wieder für ein Trick? Erst auf hartnäckiges Stehenbleiben des Autofahrers, begleitet von seinem zuvorkommenden und aufmunternden Winken, wird sich der eine oder andere eines Besseren besinnen und sich allmählich vom Trottoirrand lösen, dann immer schneller über den Fussgängerstreifen hasten, dabei mit Handzeichen dankend.

Aber kehren wir wieder zurück auf die Autobahn. In Deutschland wird beim Tempobolzen, damit der Vordermann endlich zur Seite geht, ständig die Lichthupe betätigt und mit Tempo 200 so dicht aufgefahren, dass man schon fast die Stossstangen krachen oder die Englein singen hört. In der Schweiz gibt es dafür eine andere Manie, es wird konsequent links gefahren. Was man früher den Mercedesfahrern in Deutschland immer nachgesagt hat, dass sie nämlich aus purer Arroganz ein Linksfahrerabonnement besässen, das gilt in der Schweiz schon lange für alle Schichten und Automarken. Eine klassenlose Gesellschaft, ein Land von wahren Kommunisten, zumindest auf der Autobahn, Karl Marx hätte seine helle Freude. Ich bin nicht sicher, ob auf Schweizer Autobahnen wirklich überholt werden soll. Ich glaube eher nein. Es sieht mehr so aus, als würden zwei voneinander unabhängige, parallele Kolonnen von Fahrzeugen nebeneinander herfahren. Die eine schneller, die andere langsamer. Dabei fährt die rechte Kolonne oft schneller. Es sollte aber umgekehrt sein, verdammisiechnonnemal (bewährter Schweizer Kraftausdruck)!

Bei dichterem Verkehr, und wann bitte haben wir einmal keinen dichten Verkehr, geht ein Überholvorgang in der Schweiz etwa folgendermassen vor sich. Zuerst wird höflich geblinkt, dann von der rechten auf die linke Spur gewechselt. Das war's schon, Ende. Man darf davon ausgehen, dass der Vordermann die folgenden zehn Kilometer links bleibt. Es sei denn, der unwahrscheinliche Fall tritt ein, dass auf der rechten Fahrbahn eine lange Lücke klafft. Aber sie muss wirklich lang sein, mindestens ein halber Kilometer, besser wäre ein ganzer Kilometer, richtig Platz eben. Darunter lohnt es sich nicht wirklich, auf die rechte Fahrspur zu wechseln, sonst bestünde ja die grosse Gefahr, dass man gleich wieder nach links zurückwechseln müsste. Nein, da bleibt man doch lieber gleich links, egal, wie viele Autolenker hinter einem kurz vor einem Schlaganfall stehen.

Hektisches Lichthupen und dichtes Auffahren sind in der Schweiz verpönt, Gott sei Dank. Meine Frau weigert sich schon seit langem, mit unserem Auto auf deutschen Autobahnen zu fahren, dann muss immer ich ans Steuer. Diese Wahnsinnigen, die niemand gesehen hat und die dann wie aus dem Nichts den Rückspiegel ausfüllen, verbreiten Angst und Schrecken. Ein ganz wüstes Exemplar aus der Spezies der Autorüpel kommt sogar aus meiner eigenen Familie. Heute fährt er ganz zivilisiert. Aber früher ist dieser Strassenschreck bei jedem Überholvorgang, wenn der Vordermann nicht zur Seite wollte, so dicht aufgefahren, dass wir Beifahrer immer vor Schreck beide Knie durchgedrückt haben, um uns noch weiter nach hinten in den Rücksitz zu stemmen, Anschnallgurte gab es noch nicht. Zugegeben, eine sinnlose Überlebensmassnahme, aber immerhin hatten wir das nahe

Ende vor Augen. Natürlich hatte unser Chefpilot dann gleichzeitig auch noch eine Strassenkarte auf den Knien, wo er hin und wieder nachsehen musste, wie es weitergeht. Gelegentlich hielt er die Karte auch auf Augenhöhe. Und dabei wurde viel geschimpft, ohne kräftiges Geschimpfe gab es kein wahres Überholmanöver, der miese Vordermann war schliesslich daran schuld, dass man nicht zügig weiterkam.

Schweizer Raser gibt es aber auch. Und zwar vor allem auf deutschen Autobahnen. Ein altes Phänomen. Endlich befreit vom Geschwindigkeitsdiktat im eigenen Land, drücken sie nach dem Überqueren der Landesgrenze gegen Norden lustvoll auf das Gaspedal, um es ihren deutschen Kollegen gleichzutun oder um diese vielleicht sogar noch zu übertrumpfen. Es scheint so, dass auf deutschen Autobahnen der Schweizer vorübergehend zum Deutschen wird. Freiwillig. Es könnten natürlich auch ein paar Deutsche darunter sein, die ihren Wohnsitz in der Schweiz haben und nun mit schweizerischem Kennzeichen in ihrer alten Heimat unterwegs sind. Das kann man nicht auseinanderhalten.

Nehmen wir einmal an, jemand fährt von Bern nach Basel. Die Autobahn ist nicht gerade leer, aber der Verkehr läuft flüssig. Er kommt gut vorwärts, ein schöner Tag nimmt seinen Lauf. Hat er gedacht. Leider befindet sich seit geraumer Zeit dieser andere Wagen auf der linken Überholspur. Gleichmässig 120 Kilometer pro Stunde, rechts ist alles frei. Unser Fahrer blinkt links, wechselt die Spur und setzt sich hinter den anderen auf die Überholspur, in gebührender Entfernung. Der andere fährt weiter, keine Reaktion erkennbar. Allmählich beginnen sich seine Gedanken zu verselbstständigen. Man hört und liest ja heutzutage so einiges. Fährt der da vorne etwa unter Drogeneinfluss, vollgekokst, bekifft? Oder befindet sich da einer im fortgeschrittenen Stadium der Demenz? Er spinnt seine Assoziationen weiter und merkt, wie er vielleicht eine Spur ungeduldiger wird. Eher ein Spürchen, es ist ein zu schöner Tag. Der da vorne hat sie wohl nicht mehr alle. Nein, jetzt gehen die Gedanken mit ihm durch, es ist ja alles in Ordnung. Wenn nur dieser Blödmann da vorne nicht wäre.

Rechts überholen kommt nicht in Frage, das ist etwas für Rowdys. Nach weiteren zäh verflossenen Minuten geht er aufs Ganze. Er verkürzt den Abstand, wieder ohne Reaktion. Er betätigt die Lichthupe, das macht er sonst nie, nicht wie diese deutschen Psychopathen.

Sein hässlicher Anfangsverdacht erhärtet sich und wird langsam zur Gewissheit. Er hat ein real existierendes Exemplar aus der weit verbreiteten Spezies der Volkserzieher vor sich. Der im Selbststudium diplomierte Verkehrspädagoge funktioniert nämlich so: «Wenn bei mir als aufrechtem Homo helveticus 120 Kilometer pro Stunde auf dem Tachometer steht und wenn ich in meinem eigenen Land unterwegs bin und wenn auf meiner Autobahn maximal 120 Kilometer pro Stunde gefahren werden dürfen, dann hat dieser eingebildete Fötzel hinter mir nicht das geringste Anrecht zu überholen. Verkehrsregeln sind schliesslich für alle da und gelten für alle gleich, basta.» Je mehr unser Fahrer drängelt, umso mehr wird der Vordermann auf stur schalten, nach dem Motto: Dem da hinten werden wir es zeigen.

So weit, so gut. Unser Chauffeur war als Schweizer mit einem Schweizer Kennzeichen unterwegs. Schlimm genug, dass er schneller als 120 Kilometer pro Stunde fahren wollte, aber daran ist er ja erfolgreich gehindert worden, zumindest vorübergehend. Der Minipestalozzi vor ihm kann wohlig in seinen rechtschaffenen Gefühlen baden. Er hat ihm den Tag vermiest und allen wieder einmal gezeigt, wo Gott hockt. Falls ihm das Gleiche allerdings mit einem deutschen Nummernschild passieren sollte, ist die Sache gelaufen, bevor sie richtig angefangen hat. Er ist jetzt nämlich in der Schublade der teutonischen Raser gelandet, aus der Zunft der fahrenden Preussen mit der Pickelhaube, ruck, zuck, zack, zack. Je nach Gemütslage sieht sein Schweizer Vordermann in seinem Rückspiegel vielleicht sogar einen deutschen Panzer auf sich zukommen, der ihn plattmachen möchte. Das wäre dann unser Fahrer.

Heilige Karossen

Wieso sieht man in Deutschland viel mehr Luxuskarossen als in der Schweiz? Natürlich mit erdrückender Mehrheit Luxuskarossen deutscher Herkunft. Mercedes, BMW, grosse Audi usw. En masse. Ist das Einbildung? Sind denn die in Deutschland alle so viel billiger als in der Schweiz? Oder sind das alles Vorführwagen oder Jahreswagen? So viele gut verdienende Deutsche kann es doch gar nicht geben. Oder etwa doch?

Was dem Schweizer sein öffentlicher Verkehr, ist dem Deutschen sein Auto. Kann man das so sagen? Na ja, stimmt nicht ganz, auch in der Schweiz gibt es viele, denen ihr Auto heilig ist, nicht nur denjenigen, die ihre Karosse am Samstag selbst waschen und polieren. Das machen heutzutage sowieso vor allem die Einwanderer aus dem Balkan. Aber wenn wir von heiligen Kühen reden, das Auto ist nun einmal eines der wichtigsten Statussymbole in Deutschland. Vielleicht sogar das allerwichtigste. Alles andere, von den lebensnotwendigen Primärbedürfnissen einmal abgesehen, ist nicht ganz so wichtig, Kleidung, Wohnung, gutes Essen. Autos machen Leute. Als ich einen guten Freund einmal darauf ansprach, wieso er denn unbedingt einen Mercedes bräuchte, ein kleineres und weniger teures Auto täte es doch auch, antwortete er mir, er sei Kaufmann, und für seinen Beruf bräuchte er ein gutes Auto. Das sei sehr wichtig für sein Image, sonst würden ihn seine Kunden als nicht besonders seriös wahrnehmen. Jetzt ist er seit einiger Zeit pensioniert und fährt einen Smart.

Die Italiener sind noch viel schlimmer, bei denen rangieren Autos noch weiter oben, aber in Italien gibt es zum Ausgleich wenigstens das gute Essen. Man muss den Deutschen allerdings zugutehalten, dass es löbliche Ausnahmen gibt. Die Grünen zum Beispiel, die legen aus Prinzip keinen Wert auf protzige Autos, oder der gute, alte Adel. Beim Adel geht es um Understatement, ein Auto eignet sich für einen

Adligen schlecht als Statussymbol. Je älter und vornehmer die eigene Familie, desto unscheinbarer darf der fahrbare Untersatz daherkommen. Am besten ist ein alter VW-Kombi. Oder Ford, das ist auch okay. Volvo geht sowieso immer. Nur ja nicht zu neu, etwas klapprig muss es schon sein. Alles andere ist neureich. Neue Autos zeugen höchstens von mangelndem Selbstbewusstsein.

Dem Deutschen geht sein Auto über alles. Aber nicht nur sein eigenes, nein, das Auto an sich, sozusagen die Idee des Automobils. Kein Wunder in einem Land, das so viele wohlklingende Automarken hervorgebracht hat, Porsche, Mercedes, Volkswagen, BMW, Audi (Horch!) und Maybach. Deutschland ist ein Autoland, vielleicht sogar das Autoland schlechthin. Was man in der Schweiz nicht kennt, ist die Inbrunst, mit der in Deutschland Hunderte von Kilometern mit dem Auto gefahren werden, um von A nach B zu kommen. Kunststück, die Schweiz ist ja auch viel zu klein für so etwas. Das gibt es in der Schweiz aber nicht, nur weil die Schweiz ein kleines Land ist. Die Schweizer sind mit den Japanern weltweit spitze, wenn es um das Eisenbahnfahren geht. Viel und lang Bahn fahren. Das kann nicht nur an der Qualität von Bahn, Bus und Tram liegen, die in Deutschland immer mehr abnimmt und zu einem Teufelskreis geführt hat. Mit Ausnahme des ICE, des Paradepferds der DB, das ist ein wirklich schöner Zug, mit dem man gerne unterwegs ist. Die einst für ihre Pünktlichkeit und Sauberkeit berühmte Deutsche Bahn ist heutzutage nicht nur unpünktlich, nein, es fallen nicht selten ganze Züge aus, ohne dass Ersatzzüge oder -busse bereitgestellt würden, ganz davon zu schweigen, dass man sich nicht die Mühe macht, die Reisenden über die Gründe zu informieren. Neulich wartete ich in der Nähe von Berlin auf eine S-Bahn. Die erste Lautsprecheransage verkündete zehn Minuten Verspätung. Nach zehn Minuten kam eine erneute Durchsage, man bitte um Geduld, wegen einer technischen Störung käme der verspätete Zug erst in 20 Minuten. Das gleiche Spiel wiederholte sich mehrmals, bis es nach einer Stunde endlich hiess, der Zug käme leider gar nicht mehr. Die Mehrheit aller Reisenden leidet darunter, dass die Bahn immer ungepflegter daherkommt und zum Opfer zahlreicher Schmierereien, Graffiti und Vandalenakte wird. Die unzureichende Erschliessung weiträumiger Landesteile ausserhalb der grossen städtischen Agglomerationen mit ihren U- und S-Bahnen vermindert die Attraktivität noch weiter. Ohne Auto kommt man oft nicht an sein Reiseziel.

In der Schweiz ist es normal, dass Geschäftsleute und Politiker Bahn oder Tram benutzen. Abends mit Anzug und Abendrobe im Zug zur Oper oder ins Theater? In der Schweiz ein nicht seltener Anblick, in Deutschland schwierig bis unmöglich, man fühlte sich nicht sicher und hätte sogar Angst, Opfer verbaler Attacken zu werden, wenn nicht von Schlimmerem. In der Schweiz sind die Züge aber nicht nur pünktlich und sauber, sondern auch ansprechend und modern, man fühlt sich sicher. Hat das etwas mit der mächtigen Autoindustrie zu tun, die es in der Schweiz nicht gibt, damit auch keine Lobby besitzt und somit keinen Einfluss ausüben kann? In der Schweiz liebt man seinen öffentlichen Verkehr. Das Possessivpronomen ist berechtigt, weil viele Steuermilliarden nötig sind um die teure Infrastruktur aufrechtzuerhalten, ständig neues Rollmaterial zu beschaffen, und das ganze System immer noch weiter zu verbessern.

In Zeiten weiterhin ungebremst zunehmender Mobilität stellt sich die Frage, ob man in Zukunft lieber auf verstopften Autobahnen in hunderte Kilometer langen Staus seine kostbare Zeit verbringen möchte oder eher in überfüllten Pendlerzügen, in denen man die ganze Zeit stehen muss, obwohl man einen Sitzplatz bezahlt hat. Wobei meines Wissens immer noch nicht abschliessend geklärt ist, was denn nun wirklich ökologischer ist, Auto oder Bahn. Diese Frage dürfte nicht leicht zu beantworten sein, leben wir doch in Zeiten, in denen die Ökobilanz eines Wegwerf-OP-Anzuges aus Papier angeblich besser ausfällt als die der gewaschenen und wiederverwendbaren OP-Wäsche.

Schweizer sind Individualisten

Die Schweiz ist eine Nation von eingefleischten Individualisten. In Deutschland ist Nonkonformismus keine erstrebenswerte Tugend, sondern sogar eher verpönt. Anders in der Schweiz, man hält Abstand zu seinen Mitmenschen, auch körperlich. Bitte nicht zu nahe kommen. Das unterscheidet die Schweizer sehr von ihren deutschen Nachbarn. Das ist ein wesentlicher Grund, weshalb ich mich so wohl fühle in diesem Land, ich hatte immer schon eine Abneigung gegen alle Konformisten. Gegen den Strom zu schwimmen, ist in der Schweiz aber nicht nur geduldet, es ist sogar eine gern gesehene Tugend. Merkwürdigerweise steht der Schweizer Individualismus in völligem Widerspruch zum Hang, auch Unbekannte jederzeit zu duzen.

Am schlimmsten ist das Klatschen und Schunkeln der Deutschen. Hier feiert der deutsche Konformismus seine grössten Feste. Beängstigend, vor allem diese Riesenmassen in diesen Riesenhallen. Müssen wir hier wirklich die Ausführungen von Freud zum Thema Massenpsychologie erwähnen? Das Ich des Einzelnen geht nach Freud dabei im Wir der Masse wohlig auf, in Wirklichkeit aber wohl eher unter. Woher kommt diese Vorliebe der Deutschen für gemeinsame Massenerlebnisse? Ich würde es gern wissen. Egal, wo Sie sich befinden, ob bei einer Kindershow in einem griechischen Ferienhotel oder irgendwo in einem x-beliebigen Konzertsaal. Auch ganz egal, was musikalisch geboten wird, es ist einerlei, ob Pop, Jazz oder Schlager. Klassische Musik ist die einzige Ausnahme, Klassik ist zu kompliziert, um mitzuklatschen, Gott sei Dank. Es dauert nie lange, bis der Virus übergreift. Der Rhythmus der gespielten Musik muss nur ein paar wenige gleich lautende und gleich lange Takte haben, dann beginnen die Ersten mit rhythmischem Händeklatschen, und nach spätestens 20 Sekunden klatscht der ganze Saal, dass die Wände wackeln. Die anwesenden Livemusiker können einem leidtun, weil sie ob der schieren Wucht des Klatschens ihren Rhythmus anpassen müssen, fast unmerklich, aber gut zu hören. Die schlaueren Musiker wissen das schon, beugen vor und bauen spätestens jetzt ein paar kompliziertere Rhythmuswechsel ein, und das Klatschen verebbt wieder. Offenbar ist es das Allerhöchste für Deutsche, wenn sie mit möglichst vielen Zeitgenossen gemeinsam klatschen können. Die Qual wird noch übertroffen, wenn sich unsere deutschen Freunde bei passender Gelegenheit unterhaken und anfangen, gemeinsam zu schunkeln.

Disneyland und Marignano

Kommt ein deutscher Besucher zum ersten Mal in eine grössere Schweizer Stadt, könnte es passieren, dass ihn ein seltsames Gefühl beschleicht. Was ist hier los, stehen wir vor einer Theaterkulisse? Es geht hier aber nicht um Sauberkeit und Ordnung, nein, es handelt sich um ein anderes Phänomen. Es sticht auch nicht direkt ins Auge, es umgibt den Neuling von allen Seiten und nähert sich langsam, auf leisen Sohlen. Und erst allmählich dämmert es dem Betrachter. Ist das hier in der Altstadt wirklich alles echt, unzerstört? Nicht möglich.

Nur wer schon einmal in Berlin auf dem Kurfürstendamm gestanden und die im Zweiten Weltkrieg zerstörte, nach dem Krieg wiederaufgebaute, aber als Mahnmal stehen gelassene Ruine der alten Kaiser-Wilhelm-Gedächtniskirche vor Augen hat, kann ermessen, wie sich ein Deutscher fühlt, wenn er es mit einer weitgehend intakten Altstadt zu tun bekommt.

Die Innenstädte mancher grossen deutschen Zentren zeichnen sich oft durch ihre Trost- und Gesichtslosigkeit aus, man könnte auch sagen Geschichtslosigkeit. Hitler sei Dank. Vor allem durch die grossflächigen Bomberangriffe der alliierten Luftstreitkräfte wurden viele bedeutende deutsche Städte in Schutt und Asche gelegt. Nach Kriegsende folgten der Wiederaufbau und das boomende Wirtschaftswunder. Böse Zungen behaupten, dass man in der Bauwut der Nachkriegszeit durch gedankenloses Abreissen ganzer Strassenzüge mit intakter Bausubstanz noch wesentlich mehr zerstört habe als während des ganzen Krieges vorher. Man hat jedenfalls ganze Arbeit geleistet, und es blieb kaum ein Stein auf dem anderen, jedenfalls nicht da, wo vorher eine jahrhundertealte Altstadt gestanden hatte.

Obwohl seit Jahrzehnten grosse Anstrengungen unternommen worden sind, die alten deutschen Stadtzentren in Deutschland wiederzubeleben, und man auch sehr viel erreicht hat, werden die Narben der Bombennächte und des schweren Artilleriebeschusses noch lange sichtbar bleiben. Wenn man heutzutage so berühmte und geschichtsträchtige deutsche Städte besucht wie Nürnberg, Hamburg, Dresden oder Frankfurt, um nur ein paar der bekanntesten zu nennen, dann bekommt man in der Innenstadt meistens gut restaurierte einzelne Bauwerke zu Gesicht, etwa schöne Rathäuser und Kirchen. Aber fast alles ist Einzelarchitektur, kaum je erblickt das Auge ein erhaltenes durchgehendes Altstadtensemble. Auch wenn die schmerzhaften Lücken schon längst durch neuere Gebäude ersetzt wurden, bekommt man eine Ahnung der ungeheuren Vernichtung wertvoller, über Jahrhunderte gewachsener Architektursubstanz. Erst wenn ein Deutscher in die Schweiz kommt, erhält er einen geballten Eindruck davon, wie prachtvoll die eigenen Städte früher ausgesehen haben und noch heute aussehen könnten.

Da man ja nicht alles so schön wiederaufbauen kann wie die berühmte Dresdner Frauenkirche, das wäre einfach zu teuer, gibt es meiner Meinung nach nur einen Weg, die vorhandenen Lücken wieder mit Substanz zu füllen: mit erstklassiger Architektur, mit zeitgenössischer Architektur. Bitte kein Durchschnitt, sehr alt und sehr neu, beides nebeneinander. Das könnte am Schluss zu einer spannenden Synthese werden.

Umgekehrt kann die fast monumentale Unversehrtheit vieler Schweizer Altstädte zu einer anderen Form der Tristesse und des Unbehagens führen. Dem aussenstehenden Betrachter stellt sich die beunruhigende Frage, ob denn hier jemals ein Wandel stattgefunden habe. Was wiederum dem übermächtigen Einfluss des Denkmalschutzes zu verdanken ist, der, von Berufs wegen konservativ, oftmals verhindert, dass Neues entstehen kann. Bewahren um des Bewahrens willen? Ein Beispiel aus jüngerer Vergangenheit kann das illustrieren. Heute, nach seiner Fertigstellung, kann eigentlich niemand mehr so recht verstehen, wieso man jemals gegen die Neugestaltung des Berner Bahnhofplatzes mit einem grossen, geschwungenen Baldachin aus Glas sein konnte. Eine Konstruktion, die mit Leichtigkeit und Anmut daherkommt. Wie ich finde, ein gelungener Wurf zeitgenössischer Architektur. Und doch war gerade dieser Baldachin höchst umstritten und führte zu diversen denkmalpflegerischen Gutachten, Gegengutachten und sogar zu einer Volksabstimmung, in deren Vorfeld heftig debattiert wurde. Es wurde ins Feld geführt, man sehe die umliegende historische Bausubstanz nicht mehr. Dieses Stück moderner Architektur sei wie eine Faust aufs Auge. Der Baldachin wurde gebaut, zum Glück, und man reibt sich die Augen. Alles ist wohltuend heller und geräumiger. Und siehe da: Ausgerechnet die historische Umgebung ist nicht nur besser sichtbar als je zuvor, weil der Baldachin transparent ist. Nein, sie kommt sogar besser zur Geltung als zuvor, was nicht dasselbe ist. Alt und Neu nebeneinander, das ist das ganze Geheimnis. Und bitte nicht zu viele historische Sandsteinwüsten.

Architektur hat mit Identität zu tun. Was wir bewohnen, betrachten, überqueren, worin wir beten usw., wird alles irgendwann zu einem Teil von uns selbst, ist unsere Stein gewordene Geschichte. Die Sehnsucht vieler Berliner nach ihrem alten preussischen Stadtschloss, das von dem damaligen DDR-Chef Walter Ulbricht erst lange nach dem Krieg willkürlich in die Luft gesprengt worden ist, könnte man so gesehen auch als Suche nach Identität deuten. Von den Gegnern des Wiederaufbaus ist das Argument zu hören, mit der Rekonstruktion der alten Schlossfassade allein sei es nicht getan, dahinter verberge sich ja dann nur noch eine geschichtslose Gebäudehülle. Wie in Las Vegas. Ist das nun wieder eine sehr deutsche Debatte? In Polen wäre eine solche Diskussion nicht möglich. Dort hat man grosse Teile der Warschauer Altstadt und den alten Markt, die 1944 nach dem Warschauer Aufstand gegen die deutschen Besatzungstruppen ausradiert wurden, nach dem Krieg komplett wiederaufgebaut, mit grosser Sachkenntnis und Sorgfalt, sehr echt und originalgetreu. Stein für Stein, Haus für Haus. Die Polen sind weltweit anerkannt im Restaurieren. Die Altstadt ist wieder vollständig auferstanden. Davon merkt der Besucher aber nichts.

Kein grosser Krieg mehr seit fast 500 Jahren, ist das wirklich möglich? Es ist alles andere als selbstverständlich und mitten im kriegsgewohnten Europa eine grosse Ausnahme. Auch wenn die berühmte Schlacht bei Marignano in der Lombardei, die 1515 mit einer eidgenössischen Niederlage endete, nicht auf schweizerischem Boden stattfand, so könnte man sie doch als Wendepunkt in der eidgenössischen Politik ansehen. Die vorausgegangenen besonders grausamen italienischen Kriege, in denen sich in feindlichen Heeren oft Schweizer Söldnerregimenter gegenüberstanden, hatten die heilsame Folge, dass sich die Eidgenossenschaft von nun an aus kriegerischen Konflikten gegen aussen heraushielt. Ein weiterer Grund hierfür war die darauf folgende Reformation, die die Eidgenossenschaft spaltete. Auch im Dreissigjährigen Krieg, der grosse Teile von Mitteleuropa verwüstete, blieb die Schweiz weitgehend neutral.

Die erste Reaktion deutscher Besucher auf Schweizer Städte ist meistens ungläubiges Staunen. Wenn dann noch, wie in der Berner Altstadt, überall Geranien hängen oder die alten Zünfte ganze Strassenzüge beflaggt haben, kann man das Gefühl bekommen, das sei alles unecht, man habe sich in eine Art Disneyland verirrt. Oder man sei mit einer Zeitmaschine im 19. Jahrhundert gelandet. Mitnichten, wir befinden uns lediglich im Mittelalter. Steht alles noch so da wie vor Jahrhunderten erbaut, bestens erhalten. Für den Besucher aus Resteuropa ist es oftmals fast zu viel des Guten, zu viel Harmonie und heile Welt. Man hat sich ja zu Hause schon lange mit den architektonischen Kriegsfolgen abgefunden, man ist darin aufgewachsen und kennt nichts anderes.

Hünen und Filigrantechniker

Wer würde schon behaupten, dass die Deutschen immer guten Fussball spielen? Nein, die deutschen Fussballrecken haben schon grauenhafte Zeiten gesehen und grottenschlecht gekickt, da gibt es nichts zu beschönigen. Nur, das ist bei anderen Nationalmannschaften auch so. Es geht um etwas anderes. Die deutsche Nationalmannschaft kann noch so gut spielen, schönen, direkten Tempofussball, technisch auf hohem Niveau und zigmal besser als der englische Kraftfussball, bei dem ein Foul erst geahndet wird, wenn beide Spieler spitalreif auf der Bahre liegen. Es hilft nichts, am nächsten Tag lesen wir in Schweizer Zeitungen von den angeblichen deutschen Tugenden, von Kraft, Kampfgeist und Siegeswillen, von deutscher Wertarbeit, sogar von Panzern ist manchmal die Rede. Keine Frage, im Fussball greift die deutsche Wehrmacht wieder nach der Schweiz, auch heute noch.

Könnte man an dieser Stelle nicht einmal einen hinterlistigen Gedanken einflechten? Wie wäre es, wenn die Schweizer selbst insgeheim erwarteten, dass die Deutschen gut spielen? Vielleicht sind sie immer wieder aufs Neue enttäuscht von den Deutschen, weil die eigene Erwartung gegenüber den deutschen Kickerkünsten übertrieben hoch ist. Der kleine Bruder idealisiert den grossen Bruder, darf das aber nie offen zugeben, sondern denunziert ihn vielmehr. Würde das den Sachverhalt nicht einfach und elegant erklären?

Kann ein nüchternes und abgeklärtes Volk so abgrundtiefe Ängste haben? Es kann. Kein Klischee ist zu abgegriffen, um die schweizerische Fussballseele aufzupolieren. Nicht nur in der Boulevardpresse, auch in seriösen Blättern, von renommierten Journalisten, denen man einen derartigen blinden Fleck niemals zutrauen würde. Die Deutschen? Das ist doch diese Turniermannschaft, die sich mit Rumpelfussball von Runde zu Runde weitermogelt und am Schluss dann noch meistens gewinnt. Da darf dann das berühmte Zitat nicht fehlen, das Gary Linnecker, dem ehemaligen englischen Nationalspieler, zugeschrieben wird, der einmal gefragt wurde, wie man Fussball definiert. Seine Antwort: 22 Spieler, die einem Ball hinterherrennen, und am Ende gewinnen immer die Deutschen.

Der typische Ablauf eines grösseren internationalen Fussballturniers ist stark ritualisiert und geht aus helvetischer Sicht folgendermassen vor sich. Der Schweizer Fernsehzuschauer beginnt spätestens beim üblicherweise zu frühen Ausscheiden der eigenen «Nati», der Nationalmannschaft, die Fühler nach anderen Mannschaften auszustrecken. Der herbe Verlust der eigenen Mannschaft schmerzt und muss kompensiert werden durch die Adoption einer anderen. Das kann aber beileibe nicht irgendein Land sein, nein, es sollte schon mindestens eine grosse Fussballnation sein, die gewissen minimalen Ansprüchen genügt und die intelligenten und kreativen Fussball spielt. Man ahnt es schon, von jetzt an kommen alle Mannschaften in Frage, wirklich alle. Ausser die deutsche. Was jetzt folgt, ist eine Adoption im Zeitraffer, der Schweizer mutiert zum Brasilianer auf Zeit. Ausgerechnet der zwinglianische Griesgram entwickelt urplötzlich südamerikanisches Flair und Temperament und fraternisiert schamlos mit Ländern, die normalerweise nicht gerade zuoberst auf seiner Prioritätenliste stehen. Hauptsache, die schlagen die Deutschen, egal wie sie spielen, das spielt dann keine Rolle mehr. Man hat es denen wieder einmal gezeigt. Würde die Schweizer Nati einmal in einem Turnier auch nur annähernd so weit kommen wie die deutsche, ich bin überzeugt, sie könnte noch so schlechten Hackefussball zeigen, deutscher als deutsch, egal, man wäre eine Runde weiter. Das ist natürlich nur eine reine Hypothese, unbeweisbar, denn dieser Fall ist unwahrscheinlich.

Wenn in der Schweiz vom deutschen Fussball die Rede ist, dann dauert es meist nicht allzu lange, bis der Begriff von der sogenannten Siegermentalität in die Runde geworfen wird. Synonym wird auch vom Killerinstinkt gesprochen. Den haben die Deutschen nämlich, angeblich. Im Gegensatz zu ihren Schweizer Kollegen. Die Deutschen geben nie auf, es wird gekämpft bis zur letzten Sekunde, bis zum Umfallen. Die bessere Moral eben. Interessanterweise wird diese Eigenschaft nur bei den Deutschen bewundert. Ich habe aber schon viele andere Mannschaften auf dem Rasen in aussichtsloser Lage kämpfen sehen, die bis zum Schluss an sich geglaubt haben, immer die bittere Niederlage vor Augen, und das Blatt in letzter Sekunde noch zu wenden vermochten. Man bewundert die Deutschen für diesen Kampfeswillen, aber man fürchtet sie auch. Wobei anzumerken wäre, dass diese Eigenschaft weit über den Fussball hinaus bewundert wird.

Wie der Journalist Jost auf der Maur festhält, scheint bedingungsloser Siegeswille keine nationale schweizerische Eigenschaft zu sein. Der Schweiz werden viel eher Bedächtigkeit und Zurückhaltung zugeschrieben. Er fragt sich: «Warum ist die Schweiz ein Land, in dem die Siegermentalität nicht gedeiht?» Es darf vermutet werden, dass es eine Mischung aus Nüchternheit, Vorsicht und Sattheit ist, die den Schweizer davon abhält, alles auf eine Karte zu setzen. Wie soll man sonst erklären, dass in allen Schweizer Fussballclubs und auch in der Nati so viele Secondos (Kinder von Zuwanderern) spielen, die aus bescheidenen materiellen Verhältnissen kommen, aus anderem Holz geschnitzt und sehr ehrgeizig sind? Die selbstzufriedenen Schweizer haben das nicht mehr nötig, sie sind zu wenig hungrig.

Dieses Phänomen, das über den Sport hinaus gilt, spielt auch in anderen europäischen Ländern eine Rolle, nur kommt es in der Schweiz durch den weit höheren Ausländeranteil stärker zum Tragen.

Die Schweizer Bravheit hat ihre Geschichte. Lange waren unbändiger Siegeswille und Grausamkeit ein Markenzeichen des eidgenössischen Alpenvolkes, dessen Söldner zwischen dem 15. und dem 18. Jahrhundert in ganz Europa militärisch so erfolgreich wie gefürchtet waren. Weiter mit Jost auf der Maur: «Der Schweizer Söldner war, wie der florentinische Adlige Francesco Guicciardini einmal bemerkte, ‹Mittelpunkt und Hoffnung› eines jeden Heeres. Der Elsässer Geschichtsschreiber Jakob Wimpfeling meinte gar, selbst die Türken und Böhmen bewiesen in der Schlacht grössere Menschlichkeit als die Schweizer, denn diese machten prinzipiell keine Gefangenen und zeigten nie Regungen der Barmherzigkeit.» Auch dem englischen Staatsmann Thomas Morus (1478–1535) erschienen die Schweizer in seiner staatsphilosophischen «Utopia» als «zäh und kräftig, unempfindlich gegen Hitze, Kälte und Strapazen, ohne besonderen Eifer für den Ackerbau und nur an der Viehzucht interessiert, zum Krieg geboren». Hört man da nicht Attribute durchscheinen, die viele Schweizer heute mit Vorliebe den Deutschen zuschreiben, vor allem im Fussball?

Die Siegermentalität ist den Schweizern schon lange abhanden gekommen. Für die Rücksichtslosigkeit, die der Siegermentalität naturgemäss innewohnt, hat es keinen Platz mehr in einer Gesellschaft, die auf Konsens aufbaut und die in der feinen Austarierung aller Interessen einen ihrer stärksten Grundpfeiler hat.

Eine Frage des Teints

«Deutschland ist braun gebrannten Menschen gegenüber besonders kritisch», fand ich als Schlagzeile in einer Schweizer Zeitung. Stimmt das? Die braune Hautfarbe gilt doch auch bei Deutschen als schön, damit werden Ferien, aktiv sein, Jugendlichkeit assoziiert.

Die angeblich so vornehme Blässe als erstrebenswertes Ideal ist schon ziemlich verblasst und längst nicht mehr so in Mode wie früher. Was wiederum mit dem unaufhaltsamen Niedergang des Adels zu tun hat, oder können Sie sich eine braun gebrannte Prinzessin vorstellen? Als Schweizer hat man in Deutschland per se so eine Art Skilehrerbonus, egal zu welcher Jahreszeit. Man hat es ja immer schon gewusst, die Schweizer leben in ihrer schönen Natur, hoch oben auf ihren Bergen, sind ständig erhöhter UV-Strahlung ausgesetzt, da kann man gar nicht anders als stark gebräunt sein. Wer nicht den grösseren Teil des Jahres zumindest leicht gebräunt daherkommt, wird in der Schweiz eher als in Deutschland für kränklich gehalten oder gilt im schlimmsten Fall als armer Schlucker, weil er sich keine Skiferien im eigenen Land leisten kann oder keine Herbstferien am Roten Meer. In Deutschland dagegen kann man auch heutzutage noch mit einer gewissen Blässe auftrumpfen. Seht her, ich bin ein Geisteswissenschaftler oder ein Kernphysiker in einem unterirdischen Teilchenbeschleuniger, Sonne und Bräune habe ich nicht nötig, was zählt, sind die inneren Werte. Auch wenn einer schon grün ist im Gesicht wegen der ständigen Neonbeleuchtung, das Äussere zählt nicht. Da wirkt die deutsche Romantik nach und der deutsche Idealismus. Damit kommt man in der Schweiz aber nicht weit.

Bleiben wir an der Oberfläche, den Teint hatten wir, jetzt geht es um die Haarfarbe. In der Schweiz kann man braune oder schwarze Haare haben, in allen Schattierungen. Und natürlich eine Glatze, graue Haare natürlich auch, zumindest bei den Älteren, aber alle anderen Farben sind selten. Hellblonde Haare sieht man kaum, das sind dann ziemlich sicher Norddeutsche oder Skandinavier. Erstaunlicherweise hört man immer wieder, dass die nicht sehr zahlreichen Rothaarigen in der Schweiz nicht als besonders schön angesehen werden. Auch Sommersprossen gelten nicht als fein. In Deutschland soll das früher auch so gewesen sein, aber das hat sich geändert. Es gibt dort sogar die schöne Redewendung: Ein Gesicht ohne Sommersprossen ist wie ein Himmel ohne Sterne. Rothaarige Frauen mit heller Haut und Sommersprossen können hinreissend aussehen, vor allem wenn es sich um das dunkle Kastanienrot handelt. Ein guter Bekannter und Nachbar von uns hat vier rothaarige Töchter, nicht rotblond, nein, richtig schön rot, alle mit heller Haut und übersät mit Sommersprossen. Eine hübscher und liebenswürdiger als die andere, allesamt rothaarige Engel. Wie kann man nur rote Haare nicht schön finden?

Streben nach Perfektion

Aus Sicht der meisten anderen Länder mag Perfektionismus eine der hervorstechendsten deutschen Eigenschaften sein, dazu ist man ordentlich, pünktlich, sauber, genau und zuverlässig. In der Schweiz ist man das auch alles, aber man strebt nach weit Höherem, nach allerhöchster Perfektion nämlich. Wo? In allem. Da, wo die Deutschen aufhören, fängt man in der Schweiz erst an. Es gibt auf der ganzen Welt kein anderes Land, das so perfekt sein möchte. Ausser vielleicht noch Japan. Die Kleinheit der Verhältnisse spielt dabei eine wichtige Rolle, man hat wenig Platz in einem an sich schon kleinen Land, wo ein grosser Teil der vorhandenen Fläche nicht genutzt werden kann. Die Alpen nehmen eben viel Platz weg, den man gar nicht oder nur sehr beschwerlich bebauen kann. Der vorhandene Raum muss optimal ausgenutzt werden. Man kann die Platzknappheit auch an den Quadratmeterpreisen und Wohnungsmieten ablesen, die an vielen Orten astronomisch hoch sind. Wäre es möglich, dass Perfektion durch Platzknappheit begünstigt wird? Auf kleinstem Raum ist nur das Allerbeste gut genug. Gut durchdacht, zweckmässig bis ins letzte Detail und daher leider meistens teuer. Höchste Qualität hat ihren Preis. Form follows function, kein Platz für unnötige Spielereien, grundsolide.

Das kann so weit gehen, dass Kleinheit als Wert an sich zelebriert wird. Alles, was wirklich gross ist, Häuser, Parks, öffentliche Plätze, Schlösser, grosse Autos, ist dann schon allein seiner schieren Grösse wegen suspekt. Small is beautiful. Man sollte schon zweimal hinsehen müssen. Der gut verdienende Homo helveticus trägt daher eine sündhaft teure Armbanduhr am Handgelenk. Davon hält er zu Hause auf seinem Uhrbeweger noch weitere ständig in Bewegung, damit die Gangreserve des mechanischen Uhrwerks nicht auf null geht und seine Uhr nicht stehen bleibt.

Anderswo gibt es so etwas wie eine Ästhetik des Unfertigen, Unvollkommenen. Was das ist? Nehmen wir Italien oder Frankreich als Beispiel, aber auch in Deutschland schätzt man es unter Umständen ganz besonders, wenn etwas nicht ganz so perfekt daherkommt. Nicht so in der Schweiz. Was ist in seiner alternden Würde schöner anzusehen als die abblätternde Fassade einer alten Villa, herrlich üppig mit Efeu oder Bougainvillea überwuchert, das abgeschossene Ocker noch an einigen Stellen durchleuchtend? Oder etwa vermooste Balken, verrostete Türgriffe, eine Kupferschale mit Grünspan, ein schwarz angelaufener Silberleuchter oder ein verwilderter Garten? Warum hat der diskrete Charme des leicht Heruntergekommenen in der Schweiz nicht viel mehr Anhänger? Wieso muss das Alte stets wie neu erscheinen, Risse geflickt, Edelmetall poliert und Abblätterndes neu verputzt werden?

Eine schiefe oder schlecht montierte Steckdose an der Wand wird in Deutschland niemanden hinter dem Ofen hervorlocken. Die kann warten, es gibt Wichtigeres. In der Schweiz fällt sie aus dem Rahmen und stört das Bild der angestrebten Perfektion, die aber naturgemäss nie ganz zu erreichen ist. Vollkommenheit gibt es nirgends, aber der Weg ist das Ziel. Wer zum ersten Mal in die Schweiz kommt, merkt das sofort. Alles ist sauberer und ordentlicher als auf der anderen Seite der Grenze. Es geht aber nicht um Sauberkeit und Ordnung oder höchstens vordergründig. Es geht um etwas anderes, das Streben nach Vollkommenheit und absoluter Harmonie. Des Raumes, der Dinge, des ganzen Lebens, nicht mehr und nicht weniger. Kein Wunder, kommt das gegen aussen oft kleinkariert, rigide und zwanghaft daher.

Das Streben nach höchster Perfektion findet auf vielen Gebieten statt. Zum Beispiel wenn es die eigenen Fähigkeiten betrifft. Wenn man etwas zwar gut kann, aber noch nicht in absoluter Meisterschaft beherrscht, wird man es nicht öffentlich zeigen. Nehmen wir einen Amateurmusiker, der in privater Runde aufgefordert wird, ein Stück zu spielen, das er oft auf seinem Instrument übt. Er wird sich in Deutschland nicht lange bitten lassen, es wissen ja alle, dass er kein Profi ist. Sei's darum, wenn es die anderen hören wollen, kein Problem.

In der Schweiz dagegen wäre die Angst, sich zu blamieren, gross, und der Musiker würde sich lange winden und zieren, dann seine Zuhörer auf ein anderes Mal vertrösten, wenn er genügend Zeit gehabt haben werde, sich vorzubereiten. Dann erst werde er seine Darbietung zum Besten geben.

Pathos und Pragmatismus

Kann man die Begriffe Pathos und Pragmatismus einander gegenüberstellen? Haben sie irgendetwas miteinander zu tun? Nein, nicht das Geringste. Aber sie bezeichnen einen deutsch-schweizerischen Gegensatz. Der Deutsche liebt sein Pathos, der Schweizer ist durch und durch pragmatisch. Unterschiedlicher kann man nicht sein.

Pathos ist heutzutage zu einem eher abwertenden Begriff geworden und steht unter Generalverdacht. Pathetisch? Das gibt es doch kaum mehr, das war etwas für unsere Grosseltern, die noch Kriege erlebt haben. Dabei wird übersehen dass sich die Menschen heute massenweise und mit grosser Begeisterung vom Pathos zahlreicher Hollywood-Kassenschlager anstecken lassen. R. R. Tolkiens «Lord of the Rings», «Star Wars», «Harry Potter» und viele andere mehr, bei denen wir in unseren Gefühlen schwelgen können und es um so erhabene Dinge geht wie Ehre, Recht und Gerechtigkeit, Heldentum und Heimat. Auch Skeptiker werden schwach und fangen an zu schwärmen. Oder nehmen wir die pathetisch vorgetragene Neujahrsansprache unserer Staatsoberhäupter, ein echtes Ritual. Da werden die immer gleichen Phrasen salbungsvoll überhöht. «Meine lieben Mitbürgerinnen und Mitbürger, schon wieder ist ein Jahr vergangen …» Und dann geht es erst richtig los. Die Amerikaner können das sehr gut: «My dear Fellow Americans», wendet sich ein amerikanischer Präsident an seine Nation. Die Franzosen sind auch nicht übel, La Grande Nation, fast hört man die Marseillaise im Hintergrund. Den Briten kann, was Pomp und zeremonielle Prachtentfaltung angeht, sowieso niemand das Wasser reichen. Es geht doch nichts über eine britische Truppenparade. Trooping the colours vor dem Buckinghampalast, und die Königin nimmt höchstpersönlich die Parade ab.

Obwohl die Nazis jeglichen Ausdruck öffentlicher Feierlichkeit gründlich missbraucht haben, insbesondere Pathos und Nationalgefühl, ist den Deutschen das Pathos nicht vollkommen abhandengekommen. Wird in der Bundesrepublik Deutschland ein Bundespräsident, ein Bundeskanzler oder ein Verteidigungsminister verabschiedet, wird der Grosse Zapfenstreich aufgeführt. Diese feierliche, stets am Abend abgehaltene Militärzeremonie gilt als höchste Auszeichnung, die die Bundeswehr einer Zivilperson zuteilwerden lassen kann. Die Reihenfolge der verschiedenen Elemente ist genau festgelegt. Ein Musikkorps mit Spielmannszug gehört dazu, ein Begleitkommando unter Gewehr und eine Ehrenformation Fackelträger. Gegen Ende, nach dem Kommando «Helm ab zum Gebet», erklingt das musikalische Gebet in Form einer Choralstrophe, später gefolgt von der Nationalhymne. Viel feierlicher geht es nicht. Gustav Heinemann, der verstorbene sozialdemokratische Bundespräsident, zog dem militärisch-religiösen Ritual eine Bootsfahrt auf dem Rhein mit geladenen Gästen vor. Zur Verabschiedung von Helmut Kohl aus dem Amt des Bundeskanzlers wurde der Grosse Zapfenstreich vor dem Kaiserdom zu Speyer aufgeführt. Sogar die sozialistische DDR hatte ihren Grossen Zapfenstreich 1981 um «Elemente des progressiven militärischen Erbes» ergänzt.

Helmut Kohl war es auch, den der «Mantel der Geschichte» umwehte. Angeblich kommt das noch von Bismarck, der gesagt haben soll, man müsse den Mantel der Geschichte am Zipfel ergreifen, wenn er vorüberwehe. Die unergründliche deutsche Seele erschauert. Oder man hört Beethovens Sinfonien und erschauert ebenfalls. Das Erschauern gehört zum pathetisch Erhabenen mit dazu. Ohne wohlige Gänsehaut (schweizerisch Hühnerhaut) ist kein wahres Pathos möglich. Der metaphysische Hauch der Ewigkeit muss uns berühren.

Anders in der Schweiz. Hier steht man allem Theatralischen, Gefühlvollen und Überwältigenden misstrauisch gegenüber. Der normalerweise mit jedweder Art von Pathos verbundenen potenziellen Gefahr der Manipulation wird von den Schweizern die sezierende Kraft der Skepsis entgegengehalten. Hat jemand eine grandiose Idee oder das Gefühl, gerade eine bahnbrechende Erfindung gemacht zu haben? Hat die königliche Akademie der Wissenschaften in Stockholm immer noch nicht gemerkt, dass man schon längst den Nobelpreis verdient hätte? Man schwelgt in erhabenen Gefühlen und fröstelt fast vor Ehrfurcht ob der Tiefe der eigenen Gedanken? Wer diese gefährlichen Alarmsymptome an sich selbst feststellt und den Point of no return noch nicht überschritten hat, ja, was dann? Da kann man nur noch eines raten: in die Schweiz zu kommen, zum Ausnüchtern. Man wird Ihnen hier die Luft rauslassen, harte Landung und Realitätscheck inklusive. Falls die berauschenden Ideen dann immer noch etwas taugen und Bestand haben, dann, und erst dann, sind sie wirklich etwas wert.

Ist des Schweizers Pragmatismus Nüchternheit oder Kaltblütigkeit? Ich glaube, es ist von beidem etwas. Pragmatisches Denken und Handeln ist die Leitschnur in allen Lebensbereichen, in der Politik, im Alltag, in der Medizin, in der Forschung. Mit diesem Pragmatismus geht Hand in Hand die Neigung zu dem einher, was die Engländer als Common Sense bezeichnen. Also das, was man am ehesten mit gesundem Menschenverstand übersetzen könnte. Haben wir schon wieder eine Ähnlichkeit mit den Briten entdeckt? Nach dem Humor und dem Understatement? Ich glaube schon. Ein gutes Beispiel liefert wieder einmal die Medizin.

Wo in deutschen medizinischen Lehrbüchern theoretisiert, klassifiziert und kategorisiert wird, geht in der Schweiz die Praxis vor. Die deutsche Lust am Schubladisieren gerät regelmässig mit der modernen Medizin über Kreuz, was man etwa an der überproportional grossen Anzahl deutscher Lehrbücher ablesen kann, die von Schweizer Medizinprofessoren oder Ärzten verfasst wurden und die allgemein wegen ihrer Praxisbezogenheit besonders geschätzt werden. Von der Medizinerausbildung oder vom Klinikalltag ganz zu schweigen. Ein eiserner Grundsatz in der Medizinstudentenausbildung, neben dem bekannten angelsächsischen «See it – do it – teach it», ist der Grundsatz: «Was häufig ist, ist häufig, was selten ist, ist selten.» Das ist keineswegs trivial. Nach dieser Maxime wird nämlich im klinischen Unterricht und später im Staatsexamen die Spreu vom Weizen getrennt. Man legt nicht den grösseren Wert auf irgendwelche exotischen und seltenen Syndrome, sondern auf häufige Krankheiten, an die man als Arzt später zuallererst denken sollte, wenn man es mit realen Patienten zu tun bekommt und eine Diagnose stellen muss. Medizin hat viel mit Wahrscheinlichkeiten zu tun. Ich denke, es ist dieser Common Sense, der der schweizerischen Medizin ihren guten Ruf beschert hat.

Bodyguards und Bundesräte

Gelegentlich, wenn ich frühmorgens mit dem Auto durch die Stadt zur Arbeit fahre, nicht weit weg vom Bundeshaus, dem schweizerischen Regierungssitz, in dem das Parlament tagt, taucht eine Gestalt in einem dunklen edlen Mantel aus dem Eingang der Tiefgarage auf und kreuzt in einiger Entfernung vor mir die Strasse. Auf dem Weg zur Arbeit, in aller Ruhe, ohne unnötige Hast. Es handelt sich um den schweizerischen Finanzminister, ein Mitglied des Bundesrates. Ganz allein unterwegs, ohne jeden Begleitschutz. Er ist keine Ausnahme, vor kurzem konnte man sogar dem schweizerischen Bundespräsidenten zuschauen, wie er für sein offizielles Weihnachtsfoto vor der Kamera stand und posieren musste. In aller Öffentlichkeit, von jedermann zu sehen. Wo gibt es das sonst noch? Bundesräte, Parlamentarier, Wirtschaftsführer, alle ohne Bodyguards unterwegs. Im Tram, im Zug, zu Fuss. Zum Anfassen. In Deutschland wäre ein deutscher Minister ohne Begleitschutz undenkbar. Es gibt in Deutschland sicherlich mehr Leute, die ihren prominenten Landsleuten etwas antun wollen, als in der Schweiz. Immerhin sind schon Attentate vorgekommen, es gab den Anschlag auf Wolfgang Schäuble, den

Messerangriff auf Oskar Lafontaine. Vor allem aber gab es die RAF, die Rote-Armee-Fraktion. Wahrscheinlich würden sich auch viele deutsche Minister gern zu Fuss oder mit öffentlichen Verkehrsmitteln bewegen, aber das wird vom Bundeskriminalamt verboten, weil dieses auf keinen Fall die Verantwortung übernehmen möchte, wenn etwas passiert. Baader/Meinhof zogen in den siebziger Jahren des letzten Jahrhunderts ihre blutige Spur quer durch die damalige BRD, entführten und ermordeten gezielt hochgestellte Persönlichkeiten aus Politik und Wirtschaft. Seither ist das Privatleben vieler Menschen in Deutschland, die sich in der Öffentlichkeit exponieren, stark eingeschränkt.

Könnte man sich in einer deutschen Fussgängerzone einen Soldaten im Kampfanzug vorstellen, friedlich unterwegs mit seinem grossen Sturmgewehr auf dem Rücken? In der Schweiz gehört das zum Alltagsbild, ohne dass es Aufsehen erregt, ob er auf dem Velo oder zu Fuss unterwegs ist. Der auswärtige Gast reibt sich verwundert die Augen und überlegt vielleicht sogar, ob er sich nicht besser augenblicklich in Deckung werfen sollte. Aber es ist nichts zu befürchten, das Gewaltmonopol bleibt auch in der Eidgenossenschaft beim Staat, trotzdem symbolisiert der wehrpflichtige Soldat mit seiner Waffe als Angehöriger einer der immer noch weltgrössten Milizarmeen, woher die Gewalt im Land schliesslich zu kommen habe, nämlich vom Souverän, vom Volk.

Der Sicherheitsaspekt ist aber nur das eine. Auch wenn es nicht unbedingt zum Imponiergehabe eines deutschen Politikers gehört, mit möglichst umfangreichem Bewachungstross aufzutreten, möchte er Abstand zum Normalbürger halten, das gehört zu seinem Status. Obwohl er sich als Mann des Volkes sieht. Er könnte als das bezeichnet werden, was ich in diesem Zusammenhang eine Respektsperson nennen würde, was in Deutschland nicht nur bei Politikern weit verbreitet ist. Während in der Schweiz die Tendenz besteht, alle sozialen Unterschiede kleinzureden, man könnte sogar sagen, hinter einer sorgfältig aufgebauten Kulisse zu verstecken, hat man in Deutschland weniger Probleme mit sozialen Unterschieden und ist sich seiner

Stellung auf einer wie auch immer gearteten Rangleiter bewusst, egal ob als Universitätsprofessor, Lehrer, Arzt, Manager oder Politiker. Das ist ehrlich.

Einer Respektsperson begegnet man in Deutschland mit Achtung, besonders wichtigen sogar mit Hochachtung. Vielleicht rührt das inzwischen verstaubte «Hochachtungsvoll, Ihr ...» als Grussformel am Briefende daher. Es ist leider durch das ziemlich nichts sagende «mit freundlichen Grüssen» ersetzt worden. Wer «hochachtungsvoll» schreibt und auch «hochachtungsvoll» meint, den sieht man vor dem geistigen Auge vor dem anderen seinen Hut ziehen. Den «freundlich Grüssenden» sieht man höchstens noch nett, aber nichts sagend lächeln.

In Deutschland kommt es nicht selten vor, dass ein Chefarzt einen Oberarzt massregelt oder der Oberarzt einen Assistenzarzt ungehindert vor allen Kollegen und Pflegenden öffentlich zusammenstaucht. Zum Beispiel bei der wöchentlichen Chefarztvisite, bei der der ganze weiss bekittelte Tross um den bedauernswerten Patienten herumsteht, der sich das alles mitanhören muss. In der Schweiz kommt dergleichen auch vor, aber weniger häufig und weniger brutal. Als Ausnahme kann man wieder einmal die Chirurgen anführen, hierarchisches Denken ist bei ihnen weit verbreitet, sie haben hierbei keine grossen Hemmungen. In Deutschland habe ich erlebt, wie sogar gestandene Fünfzigjährige von ihrem eigenen Vater, dem Familienpatriarchen, in aller Öffentlichkeit gemassregelt wurden. Erstaunlich fand ich dabei, dass sie sich das gefallen liessen und ohne Widerrede spurten. Wie kleine Kinder, nicht wie erwachsene Menschen, Familienväter, Menschen mit grosser Verantwortung in ihrem Beruf. In der Schweiz wäre eine derartige Massregelung nicht denkbar. Ergibt das laute Gebrüll irgendeinen Sinn? Der Schweizer würde zuerst nicht einmal richtig wütend werden, das Ganze würde seinen Zweck verfehlen und verpuffen.

Pendeln

Die Mobilität der Bevölkerung innerhalb und ausserhalb des Landes hat auch in der Schweiz stark zugenommen. Es ist heute nicht mehr ganz so wie früher, dass jemand, der, sagen wir, in Basel geboren wird, dort in den Kindergarten und dann zur Schule geht, später ebenda eine Lehre macht oder an der ortsansässigen Universität studiert, um irgendwann einen Beruf zu ergreifen, natürlich in Basel. Irgendwann wird er pensioniert und stirbt. Nicht in Bern, Zürich oder Genf, nein, in Basel. Die Namen sind natürlich austauschbar. Ausnahmsweise ist diese lange Kette vielleicht noch unterbrochen worden durch einen längeren Auslandsaufenthalt, ein Sabbatical oder irgendetwas in der Art. Als während meiner Facharztausbildung in Basel ein Assistenzarzt gesucht wurde, der für ein Austauschjahr an eine andere Uniklinik, in diesem Fall an das Hôpital Cantonal Universitaire de Genève, gehen würde – eine spannende Gelegenheit also, einmal etwas anderes zu sehen –, gab es aus einer Vielzahl von Assistenten ausser mir nur noch einen Kandidaten, der Interesse zeigte. Obwohl es äusserst schwierig war, im astronomisch teuren Genf ein bezahlbares Zimmer für diese Zeit zu finden, und obwohl ein Umzug immer mit Umtrieben verbunden ist, war das Jahr in Genf schliesslich eines der besten und interessantesten während meiner gesamten Aus- und Weiterbildungszeit.

Heutzutage wird gependelt. Ein beträchtlicher Teil der arbeitenden Bevölkerung verschiebt sich in der Schweiz Morgen für Morgen, Abend für Abend zwischen den grossen Zentren hin und her, die meisten mit der Bahn. Wer das nicht glaubt, sollte einmal morgens um sechs in einer grossen Stadt einen Augenschein am Hauptbahnhof nehmen, ein dicht gedrängtes Getümmel von eiligen Pendlern. Man verbringt in der Schweiz lieber jahrelang jeden Tag zwei bis drei Stunden in einem Zug, als dahin umzuziehen, wo man arbeitet.

Andererseits muss man sagen, ist die Schweiz auch so kleinräumig, dass das möglich ist. Wer in London oder Berlin in einem Aussenbezirk wohnt, braucht ebenfalls eine ganze Stunde, wenn nicht länger, bis er in seinem Büro angekommen ist.

Besonders stark verwurzelt sind die Walliser, jedenfalls die deutschsprachigen Oberwalliser. Als traditionell armer Kanton mit wenig Infrastruktur und weil eine eigene Universität fehlt, müssen sie in einem anderen Kanton arbeiten, studieren oder ihre Berufsausbildung absolvieren. Studiert wird mit Vorliebe im katholischen Freiburg (das Oberwallis ist ebenfalls überwiegend katholisch) oder in Bern, da Bern bei den Oberwallisern sehr beliebt ist, nicht zuletzt wegen der geografischen Nähe. Nun passiert Folgendes. Spätestens am Freitagabend besteigt man den Zug nach Hause, um am Sonntagabend, nach dem Wochenende in der Heimat, wieder an den Arbeitsort oder die Uni zurückzukehren. Nichts ist so wichtig wie die Verbundenheit mit seiner eigenen, schönen Heimat, in der man aufgewachsen ist und in die man sich sein Leben lang immer wieder zurückziehen kann, und das Wallis ist nun einfach besonders schön. Aber wie soll jemand eine Beziehung zu einer anderen Stadt oder Region aufbauen können, wenn er nie länger dort wohnt als fünf Werktage und am Wochenende immer die Flucht ergreift? Die Verbundenheit vieler Schweizer zur eigenen Scholle, und das gilt auch im übertragenen Sinn, ist immer noch gross, so auch die damit zusammenhängende Immobilität.

Als ich zur Schule ging und während meines Studiums war es in Deutschland selbstverständlich, dass man weit weg von zu Hause studieren musste oder eine Ausbildung begann. Das ist lange vorbei, inzwischen hat die Tendenz wieder stark zugenommen, möglichst lange zu Hause bei den Eltern zu wohnen und zu studieren. Auch, wer schon im Berufsleben steht, tut sich zunehmend schwer, seinen Wohnort zu wechseln. Während es in den USA das Normalste der Welt ist, während seines Arbeitslebens immer wieder umzuziehen, bleibt dies in der Schweiz verpönt.

Humor

Humor? Eine ernste Angelegenheit, nicht zum Spassen. Nirgends tritt der Charakter einer Person oder einer Nation stärker hervor als darin, worüber man lacht, oder aber in dem, was man gar nicht mehr lustig finden kann.

Der Schweizer ist humorlos und verkniffen. Sagt der Deutsche. Der deutsche Schenkelklopfhumor ist grauenhaft plump. Sagt der Schweizer. Woraus bereits zu schliessen wäre, dass beide wissen, was unter Humor zu verstehen ist. Oder jedenfalls zu wissen meinen. Dass Schweizer keinen Spass verstehen, ist eine häufige Fehleinschätzung von Deutschen, die die Schweiz nicht kennen. Das hört man vor allem dann, wenn sich Schweizer nach einer germanischen Fröhlichkeitsbreitseite peinlich berührt zurückziehen.

Der Schweizer Humor ist am ehesten mit dem britischen vergleichbar. Man liebt das Groteske und Absurde. Oft bezieht der Schweizer seine Pointen aus einer rebellischen, obrigkeitskritischen Grundhaltung. Er versteht zwar eine ganze Menge Spass, er lässt sich sogar auf den Arm nehmen, nur ist der Schweizer Witz eben eher trocken. In der Schweiz würde man hinzufügen, furztrocken. Während in Deutschland die Dramaturgie des Komischen in etwa so abläuft, dass dem Erzähler durch Gestik, Mimik und Lautstärke schon lange vor der Pointe anzumerken ist, dass es lustig werden soll und wann man auf den Höhepunkt zusteuert, kann ein Schweizer mit todernster Miene einen Witz reissen oder die grösste Zote vom Stapel lassen, ohne auch nur einmal das Gesicht zu verziehen. In der Schweiz ist es der Zuhörer, der merken muss, ob, wann und wie etwas komisch wird, in Deutschland dagegen wird das durch den Absender sozusagen mitgeliefert.

Es ist eine Binsenweisheit, festzustellen, der deutsche Humor sei lauter und direkter, so wie die Deutschen generell lauter und direkter auftreten würden. Aber wo kann man den deutschen Humor am besten festmachen? Es gibt eine deutsche Kabarettszene. Von dieser ist in der Schweiz nur sporadisch zu hören. Wie steht es mit den deutschen TV-Comedians? Von Ausnahmen abgesehen, sind sie eher zum Weinen als zum Lachen. Tiefstes Niveau, peinliche Plattitüden und Derbheiten auf allen Kanälen. Vorbei die Zeiten, als der unvergleichliche Loriot alias Vicco von Bülow seine leisen, aber anarchischen Sketche ablieferte. Evelyn Hamann, seine langjährige Partnerin, starb zu früh. Auch die Zeiten, als Monty Python mit ihrem rabenschwarzen Humor von England aus die Welt unsicher machten, sind vorbei. Oder sollen wir uns etwa an die diversen Fastnachten und Faschings im deutschen Fernsehen halten, die uns einmal jährlich unausweichlich zum Weiterzappen zwingen? Einerlei, ob es aus Köln, Mainz oder München lacht und kracht. Was uns da im Fernsehen an Büttenreden und Geschunkel entgegenbrandet, lässt die Frage offen, ob man sich dabei nicht viel eher öffentlich demaskiert als maskiert. Aus gut unterrichteten Kreisen ist allerdings zu hören, das sei nur im öffentlich-rechtlichen Fernsehen so, die wahre Fastnacht in den Mainzer und Kölner Kneipen sei von ganz anderem Kaliber. Echter und ursprünglicher. Vielleicht stimmt es ja.

Ach, Europa

Kann ein Land noch europäischer sein als die Schweiz? Mit Italienisch, Französisch und Deutsch als Landessprachen? Umgeben von den Nachbarländern, in denen diese Sprachen gesprochen werden? Und dann noch Rätoromanisch als vierte Landessprache? Geografisch inmitten von Westeuropa gelegen, ist mehr Mitte noch möglich? An diesem Kreuzungspunkt europäischer Handelswege und Kulturen? Europa könnte viel von der Schweiz lernen. Und doch ist die Schweiz noch nicht in Europa angekommen. Das hat vor allem mit ihrem Verhältnis zur Europäischen Union zu tun, dieser ungeliebten EU, von der man in regelmässigen Abständen der Rosinenpickerei bezichtigt wird. Aus Sicht der Schweizer handelt es sich um einen monströsen bürokratischen Wasserkopf in Brüssel und seine willfährigen und bösartigen Handlanger, unsägliche Amtsschimmel, die von der Krümmung der Banane bis zum Herkunftsland der Nationalwurst, der Cervelat, einfach alles bestimmen und regulieren wollen.

Hat das nicht biblische Ausmasse? Hier die kleine Eidgenossenschaft, dort der europäische Gigant, der unaufhörlich wächst und wächst, bald aus allen Nähten platzt und sich ständig zu überdehnen droht, das weckt tief sitzende Ängste. Man fühlt sich in die Ecke gedrängt, nicht immer zu Unrecht. Wie soll sich auch ein Land, in dem die Idee der Neutralität und die Basisdemokratie eine derartig wichtige Rolle spielen, mit einem Staatenbund anfreunden, wo von oben herab regiert und dirigiert wird? Nicht von ungefähr stehen die zwei wichtigsten Kern- und Gründungsländer der EU, nämlich sowohl Frankreich als auch Deutschland, in einer ausgeprägt etatistischen Tradition. Zwar jeder auf seine Weise, aber der Staat hat das Sagen, der Bürger kommt immer etwas später oder kann sich alle vier Jahre bei Wahlen dazu äussern, ob er etwas gut findet oder nicht, und die entsprechenden Parteien pauschal bestrafen oder wiederwählen. In der Zwischenzeit wurstelt die ungeliebte Kommission weit weg in Brüssel munter weiter und verteilt die sauer erwirtschafteten Milliarden der wohlhabenderen Mitgliedsländer gleichmässig mit der Subventionsgiesskanne auf die ärmeren Mitgliedsländer.

Welch ein Gesslerhut. Davor wird man sich nicht so leicht bücken, geschweige denn niederknien. Nicht in der Schweiz. Kaum ein Thema bewegt die aussenpolitische Debatte mehr als das Verhältnis zur EU, seit Jahren. Beitritt oder Nichtbeitritt und bilaterale Verträge sind Stichworte in einer lebhaft und emotional geführten Diskussion. Vergessen geht dabei die Tatsache, dass die Schweiz fortlaufend, und auch das schon seit vielen Jahren, EU-Normen übernimmt, ohne viel Aufheben zu machen, auf allen Gebieten. Man passt sich stillschweigend immer mehr an, wahrt aber den Schein der Unabhängigkeit. In der Schweiz nennt man das den autonomen Nachvollzug.

An dieser Stelle soll nun eine Lanze für Europa gebrochen werden. Obwohl alles stimmt, was ich oben über die EU geschrieben habe, wird dieselbe EU doch von der Schweiz stark unterschätzt. Übermächtige Bürokratie, zu viele Mitgliedsländer, überdehnter, schwerfälliger Koloss, Regulierungswut, Verschwendung von Steuergeldern, Demokratiedefizit, alles richtig. Und dennoch, die Wahrnehmung ist schief. Was man in der Schweiz grundsätzlich missversteht, ist die Tatsache, dass die EU in ihrem Wesen nicht nur eine wirtschaftliche Gemeinschaft darstellt, sondern auch eine wichtige politische Komponente hat. Politik und Wirtschaft sind eng verzahnt und nicht leicht auseinanderzuhalten. Die wirtschaftlichen Erleichterungen der EU wie der freie Verkehr von Personen und Kapital, die Aufhebung der Grenzen und Zollschranken innerhalb der EU sowie die Währungsunion, alles das hat auch politische Konsequenzen.

Zwar wurde die damalige EWG bald nach dem Zweiten Weltkrieg als Europäische Wirtschaftsgemeinschaft aus der Taufe gehoben. Aber, und das ist der entscheidende Punkt, sie gründete von Anfang an auf einer politischen Utopie. Die Idee eines europäischen Staatenbundes, der das friedliche Zusammenleben von bis vor kurzem noch verfeindeten Staaten ermöglichen und regeln sollte, ist in ihrer Tragweite nicht hoch genug einzustufen. In einem Europa wohlgemerkt, das sein Haupt aus den Trümmern des gerade zu Ende gegangenen Zweiten Weltkrieges erhob und in dem genau dieselben Staaten, die seit Jahrhunderten Kriege gegeneinander geführt hatten, zum ersten Mal ein gemeinsames Haus bauen wollten.

Nun kann man der Schweiz keinen Vorwurf daraus machen, seit Jahrhunderten keinen grossen Krieg mehr geführt zu haben. Auch die kleineren sind schon viele Generationen her. Das ist einzigartig und verdient allergrössten Respekt. Während es im übrigen Europa immer wieder zu Kriegen kam, in denen zuletzt Abermillionen von Menschen getötet, verwundet, vergewaltigt und vertrieben wurden, in denen grosse und berühmte Städte und ganze Landstriche verwüstet wurden, blieb die Schweiz selbst verschont. Das alles wird in seiner ganzen Tragweite viel zu wenig erkannt und kaum gewürdigt in einem Land, das die Schrecken des Krieges nicht mehr kennt, nicht einmal mehr aus den Erzählungen der früheren Generationen. Nur noch aus dem Fernsehen.

Die Idee der europäischen Einigung und damit die heutige, real existierende Europäische Union steht für die Abwesenheit von Krieg und die Freiheit von Kriegsangst. Beinahe nirgendwo in Europa muss heutzutage jemand Angst davor haben, dass nächstes Jahr ein Krieg ausbricht. Das ist ein ungeheurer Fortschritt. Das hat es in Europa im ganzen 18. Jahrhundert nicht gegeben, nicht im 19. Jahrhundert und erst recht nicht in der ersten Hälfte des 20. Jahrhunderts.

In der Schweiz ist man jedoch Utopien gegenüber grundsätzlich negativ eingestellt, man bevorzugt nüchterne Fakten. Dagegen ist nichts einzuwenden. Aber ist nicht auch der schweizerische Bundesstaat letztlich das Resultat einer Utopie?

Eine kleine Ermutigung ist darum angebracht. Die Schweiz ist nun einmal ein sehr reiches, aber eben auch ein kleines Land. Man hat etwas zu verlieren. Der Schweizer Bürger befürchtet im Fall eines EU-Beitrittes neben der finanziellen Abschröpfung und Ausblutung den Abstieg in die politische Bedeutungslosigkeit, verbunden mit dem kompletten Verlust der Souveränität des eigenen Landes. Mit anderen Worten nationalen Totalschaden. Aber muss es wirklich so weit kommen? Gibt es keine Gegenbeispiele von kleinen Ländern, die innerhalb der EU gut zurechtkommen? Die in der EU womöglich sogar besser kutschieren als allein? Es gibt sie. Nehmen wir die Niederlande, Belgien oder Luxemburg. Die Niederlande, sogar Gründungsmitglied der EU, sind ein gutes Beispiel, ein kleines Land, in manchem vergleichbar mit der Schweiz. Die Niederlande sind höchst erfolgreich, wirtschaftlich und politisch. Die Stimme Den Haags wird innerhalb der EU gehört und respektiert. Es handelt sich nicht um die Stimme irgendeiner bedeutungslosen Zwergnation, die man bei Abstimmungen einfach übergehen könnte. Nein, im Gegenteil, wir haben es mit einer selbstbewussten modernen Handelsnation zu tun mit vielen Traditionen und nationalen Eigenheiten, die durch den Beitritt in keiner Art und Weise verloren gegangen sind. Der niederländische Nationalcharakter ist genauso erhalten geblieben wie das wirtschaftliche Wohlergehen. Nicht einmal die niederländische Monarchie hat gelitten. Wenn das kein Vorbild ist. Man sollte bei den Niederländern vielleicht einmal nachfragen, wie sie das gemacht haben. Es scheint ihnen gut zu gehen.

Dann haben wir da Österreich, die andere Alpenrepublik, noch nicht so lange EU-Mitglied und ein Stachel im Fleisch der Schweizer EU-Skeptiker. Vergleichsstatistiken zwischen beiden Ländern werden in der Schweiz jeweils sehr genau daraufhin untersucht, welchen messbaren Einfluss der EU-Beitritt der Österreicher vor allem auf das wirtschaftliche Wohlergehen des Landes gehabt hat. Wie machen die das nur? Sie drinnen, wir draussen. Es existieren viele Ähnlichkeiten, und man möchte gern sehen, wie es der Nachbar macht. Oder wie er vielleicht scheitert. Aber von Scheitern keine Rede. Nein, er ist erfolgreich und wächst, sogar der Landwirtschaft geht es besser, wer hätte das gedacht?

Österreich steht aber auch für schweizerische EU-Ängste. Als der Rechtspopulist Jörg Haider nach seinen Wahlerfolgen im Jahr 2000 massgeblich an der österreichischen Regierungskoalition beteiligt wurde, löste dies diplomatische und politische Sanktionen von Seiten verschiedener Regierungen der Europäischen Union aus, denen Haider mit seiner Partei als zu rechtsextrem galt. In der Schweiz wurde sensibel registriert, wie machtbewusst und unzimperlich die EU mit kleinen Mitgliedsländern und ihrer demokratisch gewählten Regierung umspringt, wenn ihr die politische Richtung nicht passt. Immerhin war Haider mit seiner Partei die zweitstärkste politische Kraft im Lande und vom Volk mit grosser Mehrheit gewählt worden. Mit einem Berlusconi, nicht weniger am äusseren rechten Rand als Haider, sei man nie so umgesprungen, war die weit verbreitete Meinung, einfach deshalb, weil Italien in der EU ein ganz anderes politisches Gewicht hat.

Die Frage ist erlaubt. Wäre es nicht möglich, dass der durch einen Beitritt erfolgte Souveränitätsverlust, sofern er denn eintritt, dadurch kompensiert wird, dass man viele neue, darunter auch mächtige,

Verbündete gewänne? Auf deren Unterstützung man als Kleinstaat in schwierigen Zeiten vielleicht sogar einmal angewiesen wäre. Die Schweiz ist nicht mehr unantastbar, diesen Nimbus hatte sie jahrzehntelang, manche dachten schon für ewig. Viele Schweizer registrieren diesen Wandel und stellen sich darauf ein, aber grosse Bevölkerungskreise möchten immer noch an der Idee festhalten, dass die Schweiz es schon irgendwie im Alleingang schaffen wird. Ich zweifle daran. Die bis anhin gut funktionierenden bilateralen Verträge mit der EU sind längerfristig keine Lösung.

Die Zeiten ändern sich immer schneller. International immer isolierter zwischen den grossen Blöcken stehend, ist die Schweiz angreifbarer geworden, verletzlicher. Es gibt jetzt schon deutliche Hinweise in diese Richtung. Ein paar Beispiele? Wie wäre es mit dem furchtbaren European Song Contest, wo die Schweiz schon seit längerem aus Prinzip keine einzige Stimme mehr erhält. Switzerland: zero points. Sorry. Harmlos zwar, aber da sollte man nicht mehr mitmachen. Ebenfalls aus Prinzip. Ganz und gar nicht harmlos sind die wiederholten Angriffe amerikanischer Gerichte und Behörden auf schweizerische Banken sowie die immer wiederkehrenden Versuche der EU, Druck auszuüben. Wäre das bei einem EU-Land denkbar? Wohl eher nicht. Ganz zu schweigen von den einfältigen Erpressungsversuchen des libyschen Diktators Gaddafi, eines grössenwahnsinnigen Psychopathen und Mörders, der sich selbst Revolutionsführer nennt. Mit der Schweiz kann man das heutzutage offenbar ungestraft machen. Allein gegen alle, keine rosigen Zukunftsaussichten.

Neidgesellschaft Schweiz?

Ist die liberale Schweiz eine Neidgesellschaft? Ich kenne nicht wenige Schweizer, die diese Frage mit einem klaren Ja beantworten würden. Man kann sich tatsächlich fragen, ob es noch viele andere Länder gibt, wo so genau auf das geschaut wird, was die anderen haben und besitzen. Auch in Deutschland wird verglichen, Sozialneid gibt es überall, solange wir nicht in einer klassenlosen Gesellschaft leben. Aber man weiss und akzeptiert, dass es eben materielle und ideelle Unterschiede gibt, vielleicht sogar immer geben wird, und man hat keine Mühe damit, man kann das einordnen und ist zufrieden mit sich selbst, ohne dass das eigene Weltbild allzu sehr aus den Fugen gerät.

In Zeiten eines überall verbreiteten Gleichheitspostulates erscheint jede Ungleichheit als Skandal, vor allem wenn es um die soziale Stellung und das Einkommen geht. Aber was ist eigentlich Ungleichheit? Darüber gehen die Meinungen stark auseinander. Die Forderung nach umfassender Gleichheit findet paradoxerweise in der Schweiz besonders viele Anhänger. Paradox deswegen, weil man doch in der Schweiz keinem sozialistischen oder kommunistischen Gleichheitsideal huldigt. Im Gegenteil, man wird nicht müde, sich als liberales Land zu definieren, ganz bewusst im Gegensatz zu den umliegenden europäischen Staaten, auch in Kontrast zu Deutschland mit seiner hohen Staatsquote und seinem überreglementierten Arbeitsmarkt.

Die historisch immer schon vorhandene Spannung zwischen Ungleichheit und Gleichheit wird in der heutigen Schweiz dahingehend aufgelöst, dass man diese Spannung nicht sichtbar werden lassen möchte. Das hat wiederum mit der Konsensgesellschaft zu tun, die in der Schweiz eine starke und lange Tradition hat. Ungleichheiten werden ausdrücklich toleriert, aber es wird nach Möglichkeit vermieden, diese offen zu zeigen. Wo sie trotzdem sichtbar werden, erhebt sich aber Widerspruch, und die Toleranz ist zu Ende.

In einer Gesellschaft, in der sich alle gleichen, ist es schwierig, sich von den anderen abzugrenzen. Was unterscheidet einen noch wirklich voneinander in einer Massenkultur, wo alle das Gleiche kaufen und konsumieren können? Der Journalist Jost auf der Maur bemerkt zu dieser schweizerischen Paradoxie, dass es natürlich auch innerhalb der grossen Mittelschicht Klassen gibt, die «nicht nur an Einkommen und Besitz gebunden sind, sondern eindeutig auch an das kulturelle Kapital des Einzelnen, seine Manieren, die Interessen, die Bildung. Der republikanische Anstand verbietet uns, es auszusprechen: Es gibt ein Klassenbewusstsein in der Schweiz.» Auch wenn man klassische Musik hört und den vermeintlich so einfältigen Konsumenten schlichter Popsongs und TV-Castingshows heimlich belächelt und bemitleidet, so ist man doch selbst nicht weniger Konsument eines Massenprodukts und unterliegt einer Illusion, wenn man glaubt, die eigenen kulturellen Bedürfnisse seien individueller als die der anderen.

Alles, was sich in der Schweiz am Rande des besonders flachen Verlaufs der Gauss'schen Häufigkeitsverteilkurve regt und bewegt, wird aufmerksamer als anderswo registriert. Woher kommt dieser ausgeprägte Hang zur Nivellierung? Was hat der andere, was ich nicht habe? Ist sein Haus grösser oder die Wohnung schöner, sein Auto neuer, schneller, teurer? Wo machen die anderen Ferien, können sie sich womöglich ein besseres Hotel leisten? Es sind aber nicht nur die materiellen Dinge, die bewegen. Auch das soziale Leben kann zum Schauplatz von Konkurrenz und Neid werden. Kennen die anderen etwa interessantere Leute? Wer war doch alles eingeladen beim letzten Fest? Wie kann es sein, dass sie wichtigere, wohlhabendere, bekanntere oder einflussreichere Freunde und Bekannte haben?

Teutonische Typologie

Nicht nur in der Schweiz, aber hier vielleicht besonders, liebt man ihn, diesen oft karikierten deutschen Charakterzug, der seinen Ausdruck am unverblümtesten im bereits erwähnten «Hoppla, jetzt komme ich» findet. In der Schweiz fragt man sich gelegentlich, ob in dieser teutonischen Absolutheit und Unbedingtheit nicht vielleicht noch der berühmte Ausspruch von Wilhelm II. durchscheint, am deutschen Wesen solle die Welt genesen. Wilhelm war der letzte deutsche Kaiser, der nicht zuletzt aufgrund seiner körperlichen Behinderung zu grossspurigem Auftreten neigte. Kaum ein Deutscher würde sich wohl so sehen, aber diese Provinzialität kann dazu führen, dass man sich keinen Begriff davon macht, wie sensibel Angehörige anderer Länder darauf reagieren.

Zwei Formen dieser Selbstherrlichkeit begegnen mir im Alltag immer wieder, weshalb ich sie hier herausgreifen und näher beschreiben möchte. Zuerst Typ 1. Dieser ist frei von unnötigen Skrupeln. Er wird sich in einem Restaurant ohne Umschweife auch dann einen freien Platz ergattern, wenn am Eingang ein Pult steht mit einer deutlich sichtbaren Tafel, auf der es heisst: «Bitte warten, bis Sie platziert werden.» Für ihn gibt es nur eines: Ellenbogen ausfahren und den Weg frei machen. Oder aber er stellt sich an Ihren Tisch und bekundet sein Interesse mit den Worten: «Würde es Ihnen etwas ausmachen, wenn ich mich zu Ihnen setze?», wobei die Frage rhetorisch gemeint sein dürfte. Wahrscheinlich hat er schon längst Platz genommen, und die Speisekarte verunmöglicht jeden Sichtkontakt. Man ist glatt überrumpelt worden und ärgert sich über die eigene, mangelnde Schlagfertigkeit. Ein unverblümtes Nein würde er übrigens als gröbere Beleidigung auffassen.

Diesen Typus findet man auch innerhalb der höchsten deutschen Stellen, unter Politikern zum Beispiel wie dem Minister der Berliner Regierung, der im Brustton der eigenen Überzeugung seine Meinung über die Schweiz kundgetan hat. Der angerichtete Flurschaden ist bei einem Minister natürlich um einiges grösser als bei einem Restaurantbesucher. Es geht dabei oft um finanzpolitische Themen, in erster Linie aber um die schweizerische Steuerpolitik, die vor allem linken deutschen Politikern ein Dorn im Auge ist und in regelmässigen Abständen zu herablassenden Äusserungen über die Schweiz führt. Auf diesem Gebiet wird mit Vorliebe auf den kleineren Nachbarn im Süden eingedroschen, wohl vor allem aus purer Verzweiflung über die eigene Finanzmisere und die chronisch leeren Kassen. Entweder aus wahltaktischen Überlegungen oder schlicht aus Neid wird ein Sündenbock gesucht. Die in wirtschaftlichen Dingen liberale Schweiz wird dann von dieser Sorte Gutmensch wider besseres

Wissen gemeinen Bananenrepubliken gleichgestellt, wohin die finsteren Geldströme gelockt werden sollen. Man möchte auf diese Weise die renitente Eidgenossenschaft zur Räson bringen und bedient sich einer entsprechenden Wortwahl. Ein jüngeres Beispiel dieser Art waren die heftigen Attacken des deutschen Finanzministers Peer Steinbrück, im Kasernenhofton öffentlich und medienwirksam vorgetragen, der die Schweiz, kein Witz, «mit der Peitsche kujonieren» wollte. Oder, man kann das tatsächlich noch steigern, die Entgleisung von Franz Müntefering, früher «hätte man in einem solchen Falle Soldaten geschickt», was er natürlich nicht wörtlich gemeint hat. Die ausgefahrenen Ellenbogen des Absenders derartiger Beleidigungen sind in diesem Fall zwar ausschliesslich verbaler Natur, aber deswegen nicht weniger rechthaberisch und respektlos. Mir ist kein Fall aus den letzten Jahrzehnten bekannt, in dem zwei prominente deutsche Politiker mutwillig mehr Porzellan in den Beziehungen zwischen Deutschland und der Schweiz zerschlagen hätten.

Der vordergründig raffinierte Typus ist aber keinesfalls besser, nur besser getarnt. Typ 2 hat gelernt, dass man sich als Deutscher heutzutage Zurückhaltung auferlegen sollte, um vor allem im Ausland als guter Deutscher akzeptiert zu werden. Bei ihm ist das aber keine echte innere Haltung, es ist rein äusserlich. Man kann diesen Typ leicht daran erkennen, dass er unter Druck wieder zu Typ 1 mutiert und seine Hemmungen fallen lässt, die er sich zuvor noch selbst auferlegt hat. Gerät er unter Druck, versucht er zunächst krampfhaft, die Fassung zu wahren, der Ton verschärft sich aber trotzdem zunehmend, erst unmerklich, dann immer offensichtlicher. Mit zunehmender Eskalation des Geschehens wird die ohnehin schon aufgesetzte Höflichkeit immer eisiger, die Form bleibt aber noch eine Weile gewahrt, auch wenn das Gesicht längst dunkel anläuft und die Halsadern, dick wie Gartenschläuche, fast platzen.

Der Schweizer? Er wird es nicht so weit kommen lassen, diese Art der Beisshemmung kennt er nicht. In einer heftigen Auseinandersetzung oder Meinungsverschiedenheit wird er viel früher reagieren und vielleicht einen trockenen Spruch machen, der sitzt. Damit wäre die Luft schon abgelassen, und man kann wieder zur Tagesordnung übergehen. Die übertriebene Höflichkeit des allzu artigen Deutschen, die ihn am Wutausbruch hindert, den man ihm schon von weitem ansieht, ist ihm fremd. Beim Deutschen dieses Typs muss aber die Form bis zum Schluss aufrechterhalten werden, was allerdings nur selten gelingt. Der Absturz oder der Ausbruch ist programmiert und in der Regel umso heftiger. Oftmals kommt den Deutschen bei Meinungsverschiedenheiten eine gespreizte Höflichkeit in die Quere, die in der Schweiz als wichtigtuerisch belächelt wird.

Die Mehrzahl aller Deutschen ist keiner dieser teutonischen Typologien zuzuordnen und lebt ihr Leben friedlich, anständig und zivilisiert. Diese Deutschen haben allerdings darunter zu leiden, dass die erwähnte Hoppla-Fraktion das Erscheinungsbild aller Deutschen gegen aussen dominiert, ganz einfach weil diese Minderheit viel lauter ist als der Rest. So hört man oft von Schweizern, die in Deutschland waren, beruflich oder ferienhalber, sie hätten so überaus nette, höfliche, zuvorkommende und zivilisierte Deutsche kennen gelernt. Ganz viele. Der Schweizer ist dann immer höchst erstaunt und positiv überrascht, neigt aber gleichzeitig dazu, das als Zufall oder Einzelphänomen der in diesem Fall eben besonders angenehmen Deutschen zu relativieren. Man hat eben wieder einmal wirklich Glück gehabt und freut sich darüber. Aber auch, wenn das lieb gewonnene Feindbild ein paar Risse bekommen hat, möchte man sich das doch noch nicht ganz nehmen lassen.

Seit einiger Zeit ist allerdings auch in der Schweiz ein Phänomen zu beobachten, das als neue Unverfrorenheit bezeichnet werden könnte, eine Form der Gleichgültigkeit. Minimale Anstandsregeln des alltäglichen Zusammenlebens, die bisher Gültigkeit besessen haben, werden missachtet. Nicht etwa von Randständigen oder betrunkenen Halbstarken. Von denen würde man das vielleicht sogar erwarten, zumindest müsste man ihnen mildernde Umstände zubilligen. Es geht auch nicht nur um die Jugendlichen, oft ist es die rapide zunehmende Altersgruppe der gut situierten Rentner, die sich daneben benimmt. Normale erwachsene Bürger, die nicht warten können, bis sich der Zug geleert hat, und die sich mit vollem Körpereinsatz durch die verstopfte Tür nach innen drängeln. Oder die gut aussehende Frau mit dem teuren Daunenmantel, die einen von hinten anrempelt, obwohl man gut sichtbar mitten im Laden steht. Ohne Entschuldigung, nein, sie geht seelenruhig weiter, als ob man nicht vorhanden wäre. Es scheint nicht mehr cool zu sein, sich zu entschuldigen oder sich für einen Mitmenschen zu interessieren, auch wenn dieser eindeutig Hilfe braucht.

Harte Schale, weicher Kern

Wie kommt es eigentlich, dass so viele Deutsche immer nur das Absolute, Grösste, Höchste und Beste zur Richtschnur machen? Der Journalist der «Weltwoche», Bruno Ziauddin, meint dazu: «Bescheidenheit sieht anders aus. Man ist ja nicht gerade zimperlich in der Wortwahl, wenn es darum geht, sich selber einzustufen. Gemäss Selbstdeklaration sind sie [die Deutschen] Export-Weltmeister, Weltmeister im Aluminiumsammeln, Weltmeister der Herzen, Fussballweltmeister sowieso, Weltklasse im Autobau, hoffentlich bald wieder Weltspitze im Skispringen, sowie demnächst unbedingt endlich auch im PISA-Wettrechnen. Ginge es nicht auch ein bisschen kleiner?» Gleichzeitig sind Deutsche oft merkwürdig wehleidig, so zum Beispiel, wenn in der Schweiz deutsche Fussballniederlagen bejubelt werden. Da macht dann schnell das Wort vom angeblichen Deutschenhass die Runde.

Ist denn das Selbstbewusstsein der Deutschen derartig unterentwickelt, dass sie diese Grossspurigkeit nötig haben? Ein Basler Freund, Psychiater und Psychoanalytiker mit eigener Praxis, würde diese Frage mit einem klaren Ja beantworten. Und er ist der Meinung, damit nicht allein dazustehen. Hinter der selbstsicheren Fassade sieht er eine zutiefst verunsicherte Nation. Gegen aussen wahrgenommen mit einer Mischung aus Bewunderung und Furcht, sind die

Deutschen, dieser Theorie zufolge, vor allem nach den kollektiven und individuellen Demütigungen der erlittenen Niederlagen des Ersten und des Zweiten Weltkrieges in einem solchen Ausmass traumatisiert worden, dass sie noch heute gegen aussen besonders robust auftreten müssen. Das betrifft auch die Generationen, die erst nach 1945 geboren wurden.

Dazu gesellt sich eine spät entwickelte nationale Identität. Deutschland wurde erst 1871, mit der Gründung des Zweiten Deutschen Kaiserreiches unter Otto von Bismarck, zu einer Nation geformt. Die grausame Zäsur des Dreissigjährigen Krieges, den man als erste nationale Katastrophe Deutschlands bezeichnen könnte, verzögerte eine nationale Einigung auf lange Sicht. Deutschland wurde zum Kriegsschauplatz der europäischen Mächte, Kriegshandlungen, Hungersnöte und Seuchen entvölkerten ganze Landesteile. Nach dem Ende des Dreissigjährigen Krieges blieb 1648 ein Heiliges Römisches Reich Deutscher Nation zurück, das aus einer Vielzahl von kleineren und grösseren Fürstentümern bestand, die sich zu wechselnden Koalitionen zusammenfanden oder, je nach Interessenlage, gegeneinander Krieg führten.

Während sich andere Länder, allen voran Frankreich und England, über Jahrhunderte zu Nationalstaaten entwickeln konnten und über ein gefestigtes nationales Selbstbewusstsein verfügen, ist es schon fast zu einer Obsession der Deutschen geworden, sich immer wieder in Frage zu stellen. Gegen innen sind die Deutschen sehr dünnhäutig geblieben. Die Verletzungen der Nazizeit, die zweite nationale Katastrophe, in der viele Deutsche zwar Täter, aber eben auch gleichzeitig Opfer waren, haben dazu geführt, dass die harte äussere Schale als Schutzwall aufrechterhalten werden musste, um den umso weicheren, dahinterliegenden inneren Kern nicht sichtbar werden zu lassen. Mit anderen Worten, zahlreiche Deutsche, immer noch narzisstisch gekränkt und fortwährend Anerkennung suchend, sind ständig auf der Suche nach dem «wärmenden Feuer des Selbst», wie es der bekannte Psychoanalytiker und Narzissmusforscher Raymond Battegay einmal treffend ausgedrückt hat.

Während des Krieges und im Deutschland der ersten Nachkriegsjahre ging es für viele Menschen um die schiere Existenz. Wie bekomme ich meine Kinder satt, wo haben wir ein sicheres Dach über dem Kopf, eine Heizung im bitterkalten Nachkriegswinter, wo bekomme ich Arbeit? Wohin hat es die anderen Familienmitglieder verschlagen, wo sind Söhne, Töchter, Geschwister, Eltern? Sind sie noch am Leben oder schon gestorben, verhungert, gefallen oder in Kriegsgefangenschaft?

Einfachste Grundbedürfnisse konnten kaum gedeckt werden, oft war es sogar ein Kampf ums nackte Überleben. Tag für Tag, über Monate, manchmal Jahre. In einer solchen Zeit und unter solchen Umständen verkommen Gefühle zu einem verzichtbaren Luxus und müssen verdrängt werden, über einen längeren Zeitraum, es gibt Wichtigeres. Die Menschen haben andere Sorgen, als sich um verletzte Seelen zu kümmern. Informationen, die das Überleben erschweren, statt zu erleichtern, werden ins Unterbewusstsein abgeschoben und damit unterdrückt.

Der deutsche Wissenschaftsjournalist Hanno Charisius schrieb dazu im «Spiegel Online»: «Es war eine harte Generation, die in Luftschutzkellern und zwischen Ruinen heranwuchs. Wer im Bunker nicht weinte, wurde gelobt. Wer auf die Toilette musste, mit dem wurde geschimpft. Ein Viertel dieser Kinder wuchs ohne Vater auf, weil der gefallen oder in Kriegsgefangenschaft war.» Dazu kommt, dass es sich um eine Generation handelte, die noch aus der Geisteshaltung des 19. Jahrhunderts bzw. aus althergebrachten Traditionen heraus ganz bewusst zu Haltung, Disziplin und Gehorsam erzogen wurde. Man zeigte sich nach aussen stets gefasst und weitgehend unbeeindruckt, aber gegen innen blieb wohl das meiste unbewältigt. Nach der Öffnung und Befreiung der Konzentrationslager durch die Alliierten und dem Erkennen des Holocaust in seiner ganzen Tragweite gesellte sich dazu die grösste Hypothek, nämlich die tiefe Scham, einem Tätervolk anzugehören, in dessen Namen über Jahre Gräueltaten unvorstellbaren Ausmasses verübt worden waren und das dafür von der ganzen Welt geächtet wurde.

Erst jetzt, bald sieben Jahrzehnte nach Ende des Zweiten Weltkriegs, beginnt man diese Zusammenhänge langsam zu verstehen – beziehungsweise kann man erstmals zulassen, dass öffentlich darüber nachgedacht wird. Auch in der Schweiz, die so unerhört lange von kriegerischen Ereignissen verschont wurde. Die zunehmende Zahl an Veröffentlichungen und Literaturneuerscheinungen zu diesem Thema legt die Vermutung nahe, dass hier ein tief verstecktes Bedürfnis allmählich in Worte gefasst werden kann, was jahrzehntelang nicht möglich war. Erst als Folge des Alterns kehren viele Erinnerungen wieder zurück, oft mit medizinischen Spätfolgen wie Angststörungen, Schlaflosigkeit, Panikgefühlen und Symptomen des unbewussten Nervensystems. Mit der wieder einsetzenden Erinnerung entsteht aber auch die Chance, sich mit der Vergangenheit auseinanderzusetzen und diese besser verstehen und verarbeiten zu können. Entweder im Gespräch mit gleich alten Leidensgenossen oder mit Jüngeren, zum Beispiel den eigenen Kindern und Enkeln, was oft allein schon eine heilende Wirkung hat. Oder aber mit professioneller psychotherapeutischer Hilfe. Wenn die erlebten Gefühle der absoluten Ohnmacht und des Ausgeliefertseins heute ausgesprochen werden können, wird die Erinnerung besser kontrollierbar.

Die verheerenden Luftangriffe auf Dresden vom 13. bis zum 15. Februar 1945, kurz vor Kriegsende, wo nach Schätzungen 18 000 bis 25 000 Menschen ums Leben kamen und bei denen viele Kulturdenkmäler des «spätbarocken Florenz an der Elbe» zerstört wurden, werden oft als Paradebeispiel für eine verfehlte Kriegführung der Alliierten herangezogen, die ab 1945 primär der Zivilbevölkerung gegolten und keine kriegsentscheidende Bedeutung mehr gehabt habe. Allein die Tatsache, dass seit einigen Jahren nicht nur in Historikerkreisen, sondern auch in aller Öffentlichkeit darüber diskutiert werden darf, ob es sich bei der Zerstörung von Dresden nicht um ein britisches Kriegsverbrechen gehandelt habe, zeigt, dass etwas in Bewegung gekommen ist. Zu viele Tabus und ideologische Barrieren standen diesem Denken bisher im Wege. Die Deutschen, ein Tätervolk ja, aber ein Opfervolk?

Man sollte die alliierten Bombenangriffe nicht mit den nationalsozialistischen Massenmorden und Gräueltaten gleichsetzen. Der britische Philosoph, Anthony Graxling schreibt: «Selbst wenn die alliierte Bomberoffensive teilweise oder völlig moralisch verwerflich gewesen sein sollte, reicht dieses Unrecht auch nicht annähernd an die moralische Ungeheuerlichkeit des Holocaust heran.»

Und in der Schweiz? Ich glaube, man ist sich zu wenig bewusst, dass die lange Freiheit vor dem Krieg im eigenen Land nicht nur zu grossem Wohlstand geführt, sondern auch in den Köpfen und Herzen der Menschen tiefe Spuren hinterlassen hat. Anders ausgedrückt, man hat eine andere Gefühlslage in einem Land, das den Frieden als einen selbstverständlichen Zustand kennt. Auch wenn dies nicht in gleichem Ausmass für die Aktivdienstgeneration gelten kann, die die Schweizer Grenze 1939–1945 in der sogenannten Grenzbesetzung zu bewachen hatte, und auch wenn Wirtschaft und Gesellschaft stark vom Zweiten Weltkrieg betroffen waren, weil das Land zeitweise fast vollständig von den Achsenmächten umschlossen war. So war man auch in der Schweiz durch Rationierung stark eingeschränkt, und viele öffentliche Parks wurden in Anbauflächen verwandelt, viele Aktivdienstleistende wurden mit grossen finanziellen Einbussen aus ihren Berufen gerissen. Dennoch wurde die Schweiz als eines der wenigen Länder in Europa weder zerstört noch von einer fremden Macht besetzt.

Harte Schale, weicher Kern. Deutsche und schweizerische Empfindlichkeiten können sich ganz banal auf dem Kinderspielplatz äussern, wenn sich eine Schweizerin über eine angeblich zu forsche deutsche Mutter ärgert, die doch in Wirklichkeit vielleicht nur unsicher, einsam oder gekränkt ist. Oder wenn ein Kellner im Restaurant, neu in der Schweiz und sichtbar unbeholfen, seine Gäste mit markigen Sprüchen traktiert, mit schwerem sächsischem Einschlag. Auf seine ursprüngliche Art aber originell und sympathisch. Bis zum Moment, wo auf die höfliche, aber ziemlich bestimmte Frage eines Gastes, er möge ihm doch bitte die hier fehlende Serviette beschaffen, postwendend die Antwort kommt: «Jawoll, dann geh ich jetzt mal in die Güche und mach misch der Beschaffungsgriminalidät schuldisch.» Erste Reaktion am Tisch: ungläubiges Staunen. Dann, nach der ersten Verblüffung, wird klar, dass der Kellner den Gast zu verulken versucht. Vorsicht, mein junger Freund, denke ich, das könnte ganz und gar falsch verstanden werden. Lustig gemeint vielleicht, aber der Schuss ging wohl nach hinten los. Mit zunehmender Dauer und nach einer stattlichen Anzahl ähnlicher Sprüche werden immer mehr Gäste auf das Geschehen aufmerksam und beäugen unser Exemplar mit wachsendem Interesse. Was diesem, ist er doch auch nicht auf den Kopf gefallen, nicht entgeht und ihn zu noch flotteren Sprüchen animiert. Nur nicht unterkriegen lassen. Am liebsten hätte ich diesen Unglücksraben zur Seite genommen und ihn aufgeklärt, aber vermutlich wäre es dazu schon zu spät gewesen. Er ahnte nicht, dass er sich gerade dazu aufmacht, so ziemlich alle Gebote der Höflichkeit und des Anstands zu verletzen, deren sich ein Restaurantangestellter seinen Gästen gegenüber befleissigen sollte.

Durch die Brille unseres Kellners betrachtet, sieht die gleiche Situation allerdings anders aus: Er ist neu hier und hat sich doch den ganzen Abend lang schon solche Mühe gegeben, hat immer alles hübsch kontrolliert, auch die Servietten, und die fehlenden dann fein säuberlich auf den Tisch gelegt, damit es schön aussieht. Und was passiert? Da kommt dieser arrogante Schweizer Schnösel, setzt sich an seinen Tisch, und als Allererstes fällt dem nichts Besseres ein, als ihm zu sagen, ob er ihm eine neue Serviette beschaffen könne.

Unser Täter ist eigentlich ein bedauernswertes Opfer seiner inneren Verstrickungen. Er macht etwas falsch und merkt das selbst als Erster, sofort. Eigentlich könnte er jetzt sagen: «Tut mir leid, ich habe das gerade verbockt, ich mache das wieder gut, beim nächsten Mal wird es besser.» Aber dieses Instrument fehlt in seinem Werkzeugkasten. Er kann das nicht locker nehmen und einfach wegstecken, die Sache ist zu ernst. Zusätzlich zu dieser Kränkung muss er nun auch noch alles unternehmen, um zu beweisen, dass ihm das nichts ausgemacht hat, niemand soll merken, wie tief ihn eine harmlose Bemerkung getroffen hat.

Der Schweizer Gast aus dem obigen Beispiel missversteht die Situation ebenso gründlich. Dieser arrogante Besserwisser aus dem Schwabenland hat ihm gerade noch gefehlt. Zuerst etwas vormachen und dann noch mit frechen Bemerkungen kommen. Auf Hochdeutsch in einem Schweizer Restaurant. Wo sind wir hier eigentlich? Spätestens jetzt beginnen die ersten Sicherungen durchzubrennen. Diesen Deutschen werden wir es zeigen, diesen Sauschwaben.

Tourismus

Ganz am Anfang war schon einmal in einem anderen Zusammenhang von den Skiferien in der Schweiz die Rede. Wir kehren nun ferienhalber in die Schweiz zurück. Es ist tiefer Winter, und wir möchten schöne und erholsame Ferien im Schnee verbringen. Mit der ganzen Familie. Was kann es Schöneres geben?

Was den richtigen weissen Winter anbelangt, sollte man allerdings frühestens im Januar verreisen, Weihnachten ist nämlich in der Regel grün oder braun, je nachdem, wo man sich befindet. In diesen unsicheren Zeiten der Klimaerwärmung liegen zahlreiche Skigebiete zu tief, um in der Weihnachtszeit wirklich schneesicher zu sein. Alles verschiebt sich immer mehr in den Frühling hinein, seit Jahren. Das sagen auch erfahrene Bergführer, und die müssen es schliesslich wissen. Wenn das so weitergeht, können wir in zehn Jahren im Juni durch den Tiefschnee pflügen, dafür aber an Weihnachten bei tropischen Temperaturen unter dem Christbaum schwitzen. Viele Skigebiete um die 1200 Meter müssen daher wintertechnisch als schwierig angesehen werden. Solche Destinationen behelfen sich seit Jahren mit einer schnell wachsenden Armada von Schneekanonen, aber wer fährt schon gern auf Kunstschnee? Das fühlt sich an wie klein gehacktes Eis. Den Touristen mag das egal sein, der teure Skipass muss herausgefahren werden, ob die Sonne scheint oder ob man sich gerade im dicksten Nebel verirrt hat, weil man kaum die Hand vor Augen sehen kann und längst vor einem lebensgefährlichen Abgrund steht.

Wie reist man an, mit dem Auto oder mit der Eisenbahn? Die Frage des geeigneten Transportmittels sollte man auch deswegen rechtzeitig geklärt haben, weil die gute Laune am Anreisetag entscheidend davon abhängen wird. Und die der engsten Mitreisenden. Es reisen nämlich alle Feriengäste gleichzeitig an. Der Grund ist einfach, alle Hotels und Ferienwohnungen wechseln am Samstag die Gäste, das ist angeblich einfacher. Bedenken sollte man bei der Wahl des Reisemittels, dass es kein ideales gibt, höchstens ein kleineres Übel. Ist die Entscheidung nach reiflicher Überlegung auf das Auto gefallen, trotz der Einwände der klugen Ehefrau, die es besser weiss? Der Anreisetag wird grossteils im Stau verbracht, daran ist man aus Deutschland sowieso gewöhnt. Als staugeprüfter Autofahrer weiss man aber genau, worauf es ankommt. Wichtig sind vor allem Fastfood und Papierservietten für alle in Mengen sowie genügend volle Thermoskannen und natürlich Spiele für die Kleinen. «Papi, Mami, wann sind wir endlich da? Dauert es noch lange?»

Und bei der Bahn? Nicht, dass es in irgendeiner Art und Weise besser wäre, nur anders. Falls einem überfüllte Züge nichts ausmachen, ist man hier richtig. Es kommt darauf an, sich ruhig seinen Weg durch die in verstopften Gängen stehenden und zwischen den Waggons auf dem Boden sitzenden Passagiere zu bahnen, immer auf Schmerzensschreie unter den Skischuhen achtend. Bei den gestikulierenden Herren im Mittelgang handelt es sich um verzweifelte Familienväter, mit der Platzreservierung in der Luft herumwedelnd. Rechts und links erblickt man verängstigte Gesichter, denen man ansieht, dass die dort Sitzenden notgedrungen auf dem falschen Platz gelandet sind. Eigene Blessuren sollte man nicht allzu wichtig nehmen, es gehört mit dazu, dass man ab und zu von herabfallenden Skiern getroffen wird.

Warum an diesen Tagen immer zu wenig Extrazüge eingesetzt werden, die Waggonnummern kaum sichtbar angebracht sind oder aber gleich doppelt, bleibt ein Rätsel. Einen waschechten Reiseprofi, auf alle logistischen Eventualitäten vorbereitet, kann eine derart komplexe Verschiebung von Mensch und Material aber nicht beeindrucken. Für den Durchschnittsbürger ein Chaos, für ihn eine leichte Übung. Wer langfristig plant, könnte zur seriösen Vorbereitung dieses wichtigen Tages ein Survivaltraining in einem kambodschanischen Dschungelcamp buchen.

Das überforderte Bahnpersonal tut das seine, damit das Chaos nicht so ohne Weiteres wieder abebben kann. Ist es eventuell denkbar, dass die Bahndirektion von alledem nichts wusste? Immerhin haben die da oben in ihrer schallgedämpften Teppichetage Wichtigeres zu tun, als an diesen wenigen Tagen für Ordnung zu sorgen. Läppischer Kleinkram. Nein, für welches Transportmittel man sich auch entscheidet, nach dieser unvergesslichen Fahrt weiss man wirklich, warum man Ferien braucht.

Nun ein kleiner Sprung, ein, zwei Tage später, der Anreisetag ist vergessen. Die Schlange vor der Seilbahnstation ist ziemlich lang, eigentlich ist es mehr ein Menschenauflauf. In die grosse Kabine passen aber auch mehr als hundert Personen hinein. In einiger Entfernung sind inzwischen die oben eingeblendeten Abfahrtszeiten zu erkennen: nächste Abfahrt in einer Viertelstunde. Nach einer Viertelstunde hat sich die dicht gedrängte Menschenmenge nicht wesentlich vorwärtsbewegt, es wird wohl noch mindestens drei oder vier Gondeln dauern, bis man an der Reihe ist. Was tun, ausharren oder Rückzug? Stoische Ruhe kehrt ein, man wird geschoben.

Unverhofft wird das Dösen beendet, wir haben die letzte Absperrung passiert, die Seilbahntüren sind weit geöffnet, es ist fast geschafft. Aber nur fast. Was jetzt nämlich bedrohlich schwankend und mit grosser Geschwindigkeit auf die Wartenden zukommt, ist einer dieser grossen Gepäckcontainer, voll beladen mit allem, was es so braucht für eine Woche Skiferien. Der Container befindet sich in Begleitung eines blau uniformierten Bergbahnangestellten, der das Ungetüm mit lautem Geratter in die Kabine stösst, einige Passagiere um Haaresbreite verfehlend, ein sauberes Überholmanöver von rechts. Es versteht sich, dass der Container die allerletzte Lücke in der

Kabine füllt. Der blau Uniformierte grummelt noch über seine Schulter zurück, etwa in der Art: «Das muss heute noch hoch, wir müssen schliesslich auch Gepäck transportieren, nicht nur Passagiere.»

Die Anfangseuphorie vom Morgen ist aber noch nicht ganz verflogen, nur leicht gedämpft. Wie wäre es mit einem Abstecher in das grandios gelegene Bergrestaurant, man kann es von weitem sehen? Beschwingt treten wir ein, wir spüren noch die intensive Sonne im Gesicht. Der Empfang wird von der übellaunigen Wirtin gleich persönlich übernommen, die uns ohne Vorrede den Bescheid gibt, sofort die Skischuhe vorn an der Eingangstür besser abzuputzen, derart viel Schnee und Nässe könne sie ihrem sauberen Etablissement nicht zumuten, sie sei ja schliesslich keine Putzfrau. Wir lassen uns nicht beirren, diese Direktheit ist eine Qualität, die wir an der rauen Bergbevölkerung so schätzen. Wer weiss, vielleicht ist die Arme vereinsamt, und jetzt ist ihr zu allem Überfluss noch der Hund weggestorben, der jahrelange Begleiter durch dick und dünn. Für solche Schicksalsschläge sollte man jederzeit Verständnis aufbringen können und nicht immer den zahlenden Gast raushängen lassen.

Tourismus in der Schweiz? An vielen Orten unfreundlich und teuer, die denkbar schlechteste Kombination. Kein Wunder, nehmen immer häufiger sogar Schweizer Reissaus aus dem eigenen Land und machen Ferien in Österreich, wohlgemerkt Skiferien, Sommerferien ginge ja noch. Das braucht viel. Ausgerechnet Österreich, wo man doch weiss, dass man dort nirgends richtig Ski fahren kann, wo es keine richtigen Berge hat, von guten Skigebieten ganz zu schweigen. In der Schweiz gibt es immerhin St. Moritz, Zermatt, Verbier, Pontresina, Davos. Wie heisst das bei der Konkurrenz im Osten? Obergurgl, Untergurgl, Bad Ischgl. Also wirklich. Der Leidensdruck muss gross sein, bis sich ein Schweizer entschliesst, den eigenen Alpen zu entsagen und auf der anderen Seite der Grenze Urlaub zu machen. Aber wie man immer wieder hört, der Service ist super, die Bedienung stets herzlich und zuvorkommend, die Preise tun das Übrige dazu. Erst schlagen sie die Schweizer haushoch in allen Disziplinen beim Skifahren und jetzt auch noch im Tourismus.

Wie kommt es, dass in dieser weltläufigen Schweiz mit ihrer langen Tourismustradition, wo man sich die Internationalität auf die eigenen Fahnen geschrieben hat, und mit ihren berühmten landschaftlichen Schönheiten und Kulturdenkmälern viele Feriengäste, vor allem in den Berggebieten, nur als zahlende Milchkühe gern gesehen sind, die man nach Belieben melken kann, denen man aber gleichzeitig das Gefühl gibt, nicht besonders willkommen zu sein? Die schönsten Wochen im Jahr dürfen etwas kosten, aber man möchte sich willkommen fühlen, man möchte spüren, dass man gern gesehen und wohlgelitten ist. Das gehört heute mit zur Qualität, und die muss stimmen, dann kommt man wieder. Es sind erstaunlicherweise die Deutschen, die den Löwenanteil an den ausländischen Touristen ausmachen und immer wieder gern in die Schweiz kommen.

Ich glaube aber, es ist Besserung in Sicht, zumindest bin ich in den vergangenen Jahren immer öfter Angestellten von Seilbahnunternehmen, Hotels und Restaurants aller Klassen begegnet, die offenbar dazugelernt haben. Vielleicht haben Tourismusmanager und die Direktoren der örtlichen Verkehrsvereine tatsächlich begriffen, worauf es ankommt und dass es an der delikaten, aber entscheidenden Schnittstelle zwischen ausländischem Feriengast und einheimischen Tourismusangestellten nicht ausreicht, mit mürrischem Gesicht den Liftbügel zu reichen. Destinationen, die auch in Zukunft vorn mit dabei sein wollen, müssen noch viel mehr in die Auswahl und Schulung ihrer Mitarbeiter investieren. Zum Teil ist dieser Prozess schon länger im Gang und schon weit fortgeschritten, je nach Hotel und Ort unterschiedlich. Insbesondere beim Aufeinandertreffen von Deutschen und Schweizern gibt es aber noch viel zu tun. Wenn es dann auch noch die Schweizer sind, die die Rolle des dienenden Parts zu spielen haben, sei es als Hoteldirektor eines 5-Sterne-Hauses oder als einfacher Skibillettverkäufer, sollten allen Beteiligten die Mentalitätsunterschiede und das grosse Missverständnispotenzial bewusst sein. Einen Gast aus Köln mit seiner lauten, rheinländischen Fröhlichkeit muss man ganz anders nehmen können als einen ruhigen, introvertierten Norddeutschen aus Hamburg. Beide haben verschiedene Bedürfnisse und Ansprüche. Gut verdienen tun sie beide, sonst wären sie nicht hier.

Fazit

Kann man Deutscher und Schweizer sein? Hinter der rhetorischen Frage verbirgt sich natürlich mehr als die blosse Möglichkeit, beide Nationalitäten und Pässe gleichzeitig zu besitzen. Schweizerisch-deutsche Empfindlichkeiten sind alt, haben mit Ähnlichkeit und Abgrenzung zu tun, aber eben auch mit tiefer liegenden kulturellen Unterschieden. Auch wenn die Deutschen wissen, dass die Schweiz ein souveränes Land ist, in Deutschland wird die Deutschschweiz nach wie vor als eine Art kulturelle Verlängerung des eigenen Landes wahrgenommen. Als Deutscher wähnt man sich in derselben Kultur wie zu Hause.

Auf den ersten Blick erscheint in beiden Ländern tatsächlich vieles ähnlich, gerade diese Ähnlichkeit ist aber trügerisch und führt regelmässig zu falschen Schlussfolgerungen und Sicherheiten. Dabei unterscheidet sich die Selbstwahrnehmung beider Nationen stark von ihrer Fremdwahrnehmung. Eigentlich normal, sollte man meinen, bei einzelnen Menschen verhält es sich oft auch nicht anders. Deutsche erkennen sich kaum wieder, wenn sie erfahren, wie man sie in der Schweiz wahrnimmt. Bei den Schweizern stellt sich die Frage, ob sie die alten Klischees, die man mit der Schweiz bisher in Verbindung gebracht hat, in den letzten Jahrzehnten nicht weitgehend selbst zementiert haben. Und zwar, weil sie selbst so gern daran glauben möchten. Das Bild der ehemals heilen Welt, die ja in der Realität nie heil war, ist aber brüchig geworden. In zunehmendem Masse wird die Schweiz von aussen als Land in der Krise wahrgenommen, die vordergründig eine Krise der Wirtschaft und der Politik zu sein scheint, in Wirklichkeit aber tiefer geht und an die eigene Identität rührt.

Dank

Dieses Buch wäre ohne die tatkräftige Mithilfe zahlreicher Personen nicht möglich gewesen. Danken möchte ich Konstanze, meiner Frau, für ihre stets wohlwollende Begleitung des ganzen Projektes. Ihr kritisches Urteilsvermögen, was schweizerisch-deutsche Fragen angeht, hat mich stets wieder zurück auf den Boden der Realität geholt.

Ulrich von Bonstetten gebührt mein Dank für historische Korrekturen und Kommentare zur schweizerischen, aber auch zur deutschen Geschichte. In unseren Gesprächen lernte ich viel über die wechselvolle und seit Jahrhunderten eng miteinander verzahnte Geschichte beider Länder. Meine Schwester Marie-Elisabeth hat mir ebenfalls mit historischen Hinweisen weitergeholfen, aber auch mit zahlreichen Verbesserungen aus deutscher Sicht.

Marion Grund gab mir wertvolle Anregungen für Aspekte der deutschen Sprache, insbesondere der Wahrnehmung von Mundarten und Dialekten in beiden Ländern.

Stefan Klemperer bestärkte mich in meinem Vorhaben, einen psychoanalytischen Abstecher in die Seele der Deutschen zu wagen, und gab hierzu wichtige Ratschläge aus seiner eigenen Erfahrung als Facharzt für Psychiatrie und als Psychotherapeut. Kaspar Wyss und Christine Ehrsam-Carpy haben sich mit dem ersten Textentwurf auseinandergesetzt, viele ihrer konstruktiven Vorschläge sind in das Buch eingeflossen. Als Testleserin fungierte auch Raffaela Schmitt.

Ein besonderer Dank geht an Markus Haefliger, seinem journalistischen Sachverstand und seiner Beherrschung der deutschen Sprache fielen zahlreiche Textpassagen zum Opfer, die er als «weisser Schimmel» oder schnörkelhaft ansah. Immer nach dem Motto: «Weniger ist mehr.»

Meinen Kontaktpersonen vom Stämpfli Verlag möchte ich ebenfalls meinen Dank aussprechen, und zwar für die gute und sehr angenehme Zusammenarbeit, vor allem Manfred Hiefner, Leiter Sachbuchverlag, Martina Frei, Programmleiterin Sachbuchverlag, und Benita Schnidrig, meiner Lektorin.

Anhang

Wie eine deutsche Familie im 17. Jahrhundert zum Schweizer Bürgerrecht kam

1153, unter Kaiser Friedrich I. Barbarossa, werden die Burg- und Reichsgrafen zu Dohna erstmals urkundlich erwähnt. Das Adelsgeschlecht gilt als Gründer von Dresden. Noch heute existiert in der Nähe der sächsischen Hauptstadt die Stadt und Burg Dohna. Im 15. Jahrhundert gerät ein Spross der Familie zu Dohna mit dem Markgrafen von Meissen an einer Tanzveranstaltung in einen Streit. Der Meissner stellte ihm «ein beyn unter uff dem tantzhawse», worauf zu Dohna den andern «uffs mawl slugk». Im Verlauf der «dohnaischen Fehde», die von 1358 bis 1402 dauert, verliert die Familie ihr Lehen. Später erwirbt sie in Ostpreussen und Schlesien neue Güter und Ländereien.

In der Mitte des 17. Jahrhunderts war Friedrich Dohna Gouverneur des Fürstentums Orange in der Provence. Dieses gehörte seinem Cousin, dem niederländischen Prinzen Wilhelm II. von Oranien. Als der katholische Sonnenkönig Ludwig XIV. das protestantische Fürstentum mit erdrückender militärischer Übermacht belagerte, gab Friedrich Orange auf und zog in die Schweiz, ins 1536 von Bern eroberte Waadtland. Mit der Mitgift seiner französischen Frau kaufte er 1657 die beiden Schlösser Coppet und Prangins, beide am Genfersee gelegen, und erwarb sich damit das Berner Burgerrecht. Das Schloss Prangins beherbergt heute das Schweizer Landesmuseum. Der Rat der Stadt Bern musste diesen Ankauf genehmigen. Den selbstbewussten Herren von Bern gefielen Friedrichs Verbindungen zu den reformierten Mächten Niederlande und Brandenburg, und sie stimmten dem Ankauf zu.

In Bern übernahm Friedrich neue Aufgaben. Der Kurfürst von Brandenburg suchte in der Schweiz junge Bauern für die Kolonisierung Preussens. Die Landbevölkerung des Kantons Bern war arm und die Auswanderung oft die einzige Chance auf ein besseres Leben. Friedrich vermittelte, und 1685 konnten die ersten Berner Familien nach Brandenburg auswandern, später sollten viele folgen. Auf Wunsch der Stadt Genf übernahm Friedrich den militärischen Oberbefehl der Stadt und bereitete deren Verteidigung gegen den drohenden Angriff des Herzogs von Savoyen vor, indem er die Befestigungsanlagen ausbauen liess und die Truppen weiter militärisch ausbildete. Als Ludwig XIV. 1672 in den Niederlanden und 1688 in die Pfalz einfiel, war auch die Schweiz gefährdet und strebte ein Bündnis mit den Niederlanden und mit Brandenburg an. Friedrich wurde erneut gebeten zu vermitteln. Die beiden protestantischen Staaten waren zu einem Schutzbündnis bereit, verlangten aber Truppenhilfe in ihrem Krieg gegen Frankreich. Grosse Teile der Bevölkerung befürworteten den Kriegseintritt. Die Berner sahen täglich das Elend der Hugenotten, ihrer aus Frankreich geflüchteten Glaubensgenossen. Der Rat war aber unentschlossen: Ein Kriegseintritt hätte den Bruch der Neutralitätspolitik bedeutet.

In einer Unterredung mit dem General der Schweizer Truppen von Erlach warf Friedrich diesem ungeduldig dessen Zaghaftigkeit vor. Richard Feller hat in seiner Geschichte Berns diese Szene beschrieben: Auf den Einwand Erlachs, ein Bündnis mit deutschen Fürsten würde Bern sogleich der Rache des französischen Königs aussetzen, wies Friedrich auf das tapfere Holland hin, das mit einer Wässerung des Landes mittels Durchstich des Deiches den Vormarsch des Feindes aufgehalten habe. Wie viel besser aber als Holland sei der Kanton Bern durch die Natur geschützt, mit Bergen, Schluchten und Wäldern, in die sich die Bevölkerung zurückziehen könne. Friedrich forderte den vornehmen Berner auf, mehr auf das eigene Volk zu hören: Wohl vermöge Erlach aufgrund seines Standes und seiner Stellung viel, aber erst, wenn er den Wünschen des Volkes Rechnung trage, sei er unüberwindlich.

Der Rat blieb aber bei seiner Ablehnung, ebenso wie die Tagsatzung, und die Schweiz trat nicht in den Krieg ein. 1711 verkaufte Friedrichs ältester Sohn Alexander Coppet, um in Schlesien einen grossen Besitz zu erwerben. Aus heutiger Sicht war dies ein Fehler und eine schlechte Vermögensanlage, weil sie das Risiko eines Verlustes nicht auf West- und Mitteleuropa verteilte. Die Dohna'schen Besitzungen in Ostpreussen und Schlesien gingen 1945 verloren. Das Berner Burgerrecht blieb aber bestehen. Sichtbare Zeugnisse für die Beziehungen der Familie zu Dohna zur Schweiz sind die Geschenke, die sie im Laufe der Zeit ihrer Berner Zunft machte, der Gesellschaft zu Pfistern. Im Historischen Museum Bern, in der Dauerausstellung Berner Silberschatz, wurden die kostbaren Silber- und Goldschmiedearbeiten der Öffentlichkeit zugänglich gemacht.

Bibliografie

Äschbacher, Catherine: VSAO-Journal 12.12.2005

Altwegg, Jürg, de Weck, Roger (Hg.): Kuhschweizer und Sauschwaben, Nagel & Kimche 2003

Asserate, Asfa-Wossen: Manieren, Eichborn 2003

Auf der Maur, Jost: Das Land der Schiedsrichter, NZZ a.S. 29.6.2008

Auf der Maur, Jost: Mehr Abstand bitte, NZZ a.S. 7.9.2008

Baring, Arnolf: Dutschke war doch kein Demokrat, Interview, NZZ a.S. 25.5.2008

Battegay, Raymond: Narzissmus und Objektbeziehungen, Huber 2008

Battyany, Sacha: Jetzt gehen sie wieder, das Klima für Deutsche in der Schweiz wird rauher, NZZ a.S. 28.10.2008

von Bedford, John: Traktat über die feine britische Art, Econ 1967

Berger, Roland: Als Arzt würde ich auf jeden Fall in die Schweiz gehen, Interview, SonntagsZeitung 11.2.2007

Bilton, Paul: Xenophobe's guide to the Swiss, Oval Books 2009

Breiner, Rolf: Leben und Arbeiten in der Schweiz, GD Verlag 2007

Buchbinder, Sascha: Warum es keinen Spass macht, deutsch zu sein, Das Magazin 6.2.2009

Charisius, Hanno: Die Kinder des Krieges erinnern sich, Spiegel Online 1.11.2008

Demmer, Ulrike: Wie Kriegskinder ihr Trauma vererben, Spiegel Online 27.2.2009

Dütschler, Markus: Preussische Grafen besuchten Bern, Der Bund 21.5.2007

Dummy, Thema Schweiz: Ausgabe 19/2008

Einhaus, Hannah: Sie wollte aus Deutschland raus, Berner Zeitung 26.1.2009

Fengler, Susanne: Heidiland, Aufbau/ Gustav-Kiepenheuer-Verlag 2008

Feuz, Patrick: «Dann heisst es oft: Ach die Deutschen», Der Bund 12.1.2009

Freud, Sigmund: Abriss der Psychoanalyse, Fischer Taschenbuch Verlag 1973

Freud, Sigmund: Über Träume und Traumdeutungen, Fischer Taschenbuch Verlag 1974

Freud, Sigmund: Vorlesungen zur Einführung in die Psychoanalyse, Bd. I, S. Fischer 1969

Frisch, Max: Wilhelm Tell für die Schule, Suhrkamp 1971

HAD medical, Human Aspects Development, Basiskurs & Aufbaukurs, Universität Basel, 2005–2008

Haerdle, Benjamin: Der Zug ins gelobte Land, Forscherparadies Schweiz, Spiegel Online 15.2.2008

Hartmann, Michael: Erstaunlich unelitäre Schweiz, Interview, Berner Zeitung 12.1.2008

Hürlimann, Thomas: Herr Steinbrück, Sie haben Mundgeruch, Frankfurter Allgemeine Zeitung 25.3.2009

Hunter, Play: Rebellion im Réduit, Teil 2: Bern, Sonntagszeitung 6.9.2009

Imfeld, Anna: Geht doch heim ins Reich, Spiegel Online 4.1.2007

Im Hof, Ulrich, et al.: Geschichte der Schweiz und der Schweizer, Helbing & Lichtenhahn 1986

Imhof, Kurt: Minarett-Plakat schadet uns, Interview, Berner Zeitung 7.10.2009

Jahr, Christoph: Gleich und ungleich, der deutsche Historikertag in Dresden, NZZ 8.10.2008

Kibelka, Ruth: Wolfskinder. Grenzgänger an der Memel, Basis-Druck 1996

Köppel, Roger: Lob der Deutschen, Die Weltwoche 10/2007

Küng, Thomas: Gebrauchsanweisung für die Schweiz, Piper 2009

Kunz, Andreas: Eitelkeit und Debattierkunst, Weltwoche Nr. 35/2008

Kutter, Markus: Die Schweizer und die Deutschen – Ein historischer Essay, Ammann 1995

di Lorenzo, Giovanni: Auf eine Zigarette mit Helmut Schmidt, Zeit Magazin Leben 2008

Meyer, Albert: Homer bärndütsch, Odyssee, Edition Francke 1988

Mingels, Guido: Der Retter des Genitivs, Das Magazin 13/2007

Moser, Christof, Pastega, Nadja: Unerwiderte Liebe, Facts 1.2.2007

Müller, Felix E.: Die Schweiz ist nicht das Werk eines Einzelnen, sondern aller, NZZ a.S. 16.12.2007

Müller, Felix E.: Wer mit der Peitsche droht, der sieht im anderen den Knecht, NZZ a.S. 26.10.2008

Nef, Robert: Grüezi wohl, Frau Merkel!, Frankfurter Allgemeine Zeitung 27.4.2008

Rieder, Katrin: Netzwerke des Konservatismus. Berner Burgergemeinde und Patriziat im 19. und 20. Jahrhundert, Chronos 2008

Röthlin, Viktor: Ich werde immer ein Gast bleiben, Interview, Berner Zeitung 10.5.2008

von Rohr, Mathieu: Das Prinzip Kuh, Essay, Der Spiegel 47/2009

von Rohr, Mathieu: Strauss meets Thatcher, Spiegel Online 19.10.2007

Rousseau, Jean-Jacques: Gesellschaftsvertrag, Reclam 1986

Schmid, Beat: Deutsche Jobsuchende lügen besser, SonntagsZeitung 22.7.2007

Schmid, Birgit: Magisches Denken hilft, Oktobergespräch mit Bettina Oberli, Das Magazin 42+43/2009

Schmid, Claudia: Wir Unverschämten, Sonntagszeitung 18.10.2009

Schmidt, Helmut: Ausser Dienst, Eine Bilanz, Siedler 2008

Seibt, Gustav: Ouagadougou, Die Schweiz, Lübeck und die Diplomatie der kleinen Länder, Süddeutsche Zeitung 12.5.2009

Sitzler, Susanne: Grüezi und Willkommen, Ch.Links Verlag 2009

Sutton, Robert I.: The No Asshole Rule, Warner Business Books 2007

de Weck, Roger: Du stiller Ort am alten Rhein, SonntagsZeitung 25.2.2007

Weltmacht Schweiz, Spiegel extra 25.6.2007

Widmer, Paul: Die Schweiz als Sonderfall, NZZ Libro 2007

von Werdt, Christophe: Der Ausscheidungsvertrag zwischen Burger- und Einwohnergemeinde Bern von 1852 – Quellenanalyse statt Verschwörungstheorie, Berner Zeitschrift für Geschichte 2009

Wikipedia: Der Grosse Zapfenstreich, Seite vom 27.8.2009

Zeidenitz, Stefan, Barkow, Ben: Xenophobe's guide to the Germans, Oval Books 2009

Ziauddin, Bruno: Grüezi Gummihälse, Rowohlt 2008

Ausgewählte Links zum Thema

Blogwiese: www.blogwiese.ch

Deutsche Wochenzeitung: www.deutschewochenzeitung.com

didsch.ch – Das Magazin: www.didsch.ch

Hallo Schweiz: www.hallo-schweiz.ch